気はやさしくて力持ち

子育てをめぐる往復書簡

内田樹
三砂ちづる

晶文社

装丁・レイアウト　矢萩多聞

気はやさしくて力持ち　目次

第1便

la première lettre

寄り道しながら
はじめましょう

第1便 A

子育てって困難でしょうか？

三砂ちづるより

内田先生、こんにちは。

ご無沙汰しております。三砂ちづるです。いかがお過ごしでしょうか。桜満開の東京よりお便りいたします。

新型コロナパンデミックで始まって、そして、終わってしまった２０２０年でした。専門は「えきがく」です、と、言っても、２０１９年までは、医療関係者ではない方で、口頭で聞いて一度で「疫学」、と、理解してくださる方は、ほとんどおりませんでした。ふだん、きものなど着ているものですから、「えきがく」とは、「易学」か、と思われたことも一度や二度ではありませんでした。もともと大変マイナーな医学の基礎分野のひとつである公衆衛生の、さらに地味な疫学、という分野でありまして、その名の通り、19世紀イギリスは、ロンドンのコレラのパンデミックあたりに学問的オリジンをもちつつ、その方法論を感染症から他の健康事象に広げていった、まあ、地味な、そして、地味でけっこう、な、分野だったのです。

それがなんということでしょう、今や「疫学」を聞いたことがない人は、だれもおりません。日々のニュースで疫学、という言葉を耳にし、保健所の「積極的疫学調査」のことを映像で見て、実効再生産数にアールノートに感度に特異度に感染致死割合……とか、専門の学会でしか聞いたことなかったような言葉を一般の方々が普通に、まさに日常的に目にするようになってしまいました。「疫学」は、感染症から始まった学問ですが、今はさまざまなことにその方法論がつかわれていて、生活習慣病から精神疾患まで、さまざまな分野の疫学者がおります。わたしは母性保健、つまりは女性のからだのことについて「疫学」を方法論として研究していました。感染症は疫学のオリジンとはいえ、疫学屋で感染症をやっておられる方は、現代ではマジョリティーではなく、こちら、わりとひっそりと研究なさっていたのに、昨年から、世界中で表に出て来て大活躍、本当に忙しくなられました。数理疫学モデル、などという、疫学を専門にしていてもその分野を専攻していなければ、さっぱりわからず、とてもついていけない、というようなことについてまで、世界中が常に話題にするようになりました。イギリスでは、疫学者のスキャンダルがタブロイド紙を騒がせたりして、こんなに疫学が有名になる時代はちっとも良い時代ではありません。

２０２０年当初から、これは、長丁場になりそうだ、と、言われていました。ワクチンができてからも、パンデミック以前に戻るのは、かなりかかるだろうと言われていましたし、その後さまざまな新しいニュースが届くにつけ、このCOVID-19はかなりめんどうくさいものであることが判明していくばかりで、パンデミックは、必ずいつかは終わるのではありますが、長丁場を覚悟、の状況は、そう簡単にかわりそうにありません。昨年度からの、匍匐前進のような日々は今しばし続き、お金と暇さえあれば、日本中のみならず、世界中どこでもいける、というような日々があったんだったよなあ、と、みんなで遠い目をすることはまだ続き、この状況を心身ともに少しでもましな状態で生き延びるすべを考える時間は、いましばし、続くのだと思います。

そんな中、内田先生と往復書簡、の企画をいただきました。お題は大きく言えば、「男の子の育ち方について」、そして、「ジェンダー・フリーが言われる時代で子どもを育てることの困難について」です。今の時代、「子どもを育てることの困難」ってどこでも言われることなんですけど、この言い方自体に、なんというんでしょうか、心が、痛むというか……なんとも言えない気がするんですよね。子どもの立場に立ってみたら、それって、ほんとうに、やるせないよなあ、と思ってしまう。子どもの立場に立つ、って、わたしたちみんな子どもでしたけれども、そういうことはよく覚えていない人も多い。だいたい、実際に子どもの立場に立つなんてそんな簡単じゃないだろう、誰にもわからないだろう、って言われてきたんですよね。「子どもの立場に立つ」というような誰にも証明できない非科学的なことを話題にするから、女性の共同参画が進まない、と国会で言われたこともあったらしく、そういう誰に聞いてもわからない子どもの立場、とかを、公的な議論に持ち出すことはよろしくない、と思われてきたようです。

でも本当にそれでよかったかなあ、と思います。「子育ての困難」って要するに、子どもの立場からすれば、自分が人の手を借りなければまだ生きられないときに、自分の存在が自分にとってすごく近しい人、多くの場合は母親とか父親とかだと思うんですが、そういう人に「困難」と思われる、ということですよね。自分の存在が、誰かにとっての「困難」つまりは、バッドニュースである、ということって、その人を深く損なう可能性のあるものじゃないだろうか、と思ってしまいます。ましてや自分が一番たのみとする人にとって、自分自身が困難な存在である、ということは、本人にとってけっこう厳しいことなのではないのでしょうか。

たとえば、いいとかわるいとか言っても、「不倫」ってなくなりません。もう還暦すぎまして、友人たちもそれ相応の年齢の人が多いわけですけれども、これくらいの年齢になってくると、長い間「不倫」を続けてきた人たちってなんだか、もう、ぬきさしならなくなっています。女性の側からも男性の側からも、この手の話を聞くことが少なくなかったのですけれども、圧倒的に、話を聞いてきたのは「男性が既婚」、「女性が独身」のパターンでした。まあ、いまどきダブル不倫だってめずらしくないようだし、女性が既婚、男性が独身、のパターンだってないわけじゃないですけれども、そちらのパターンは、やっぱり無理が大きいのかなあ、そんなに長く続くケースは見受けられないような気がします。データから話してるわけじゃないから、わからなくて、ただ、わたしの耳に入ってこないだけかもしれませんけど。

で、女性独身、男性既婚の不倫カップルの場合、ほとんどは男性側は、奥さんとうまくいってない、一緒に住んでない、いつかは離婚する、と言っていて、女性側は、やっぱりいつかは結婚しよう、と思っている。そうこういっている間に生殖年齢も過ぎて、お互い初老の域に入ってきて、人生の終わりもなんとなくみえてくる、そうなると、もう、お互いにとっての大切な人を失うこと自体が怖いから、別れることなんて、絶対無理になってくる。言い方は悪いですけれども、なんとなく、別れきれず、だらだらつきあい続けて、どちらかが死ぬまで続く、ということになる。

相手の家族にばれなければいい、他の人に実際の迷惑をかけてないからしょうがない、という解決の仕方にならざるを得ないわけだけれど、そういう女性たちを見ていると、やっぱり彼女たちのしんどさ、というんでしょうかね、それはどうしようもないところがあることがわかる。そのしんどさの根っこにあるのは、「自分がだれかにとってのバッドニュースである」ということの、形ははっきりしないけれども消し去ることのできないぼんやりした自覚のようなものである気がします。
もはや奥さんが憎いとか憎くないとか、不倫相手に愛されているとか、いないとか、不甲斐ない相手に愛想が尽きるとか尽きないとか、そういうレベルじゃなくて、もう、お互いの存在を肯定するしかないんだけど、でもなあ、やっぱり自分の存在って、この人の奥さんや子どもにとってはバッドニュースだよなあ……。そういうことって、その人をやっぱりなんともいえない、きつい状況に、おく。人間の存在ってそこにあるだけで寿がれるもののはずなんだけど、表にできない「不倫」という関係性は、自分の存在を喜ばない人がいる、という状況を、不可避的に作り出してしまうのですよね。それに耐えることは、なかなかにきびしい影響を、日々、その人の上に積むことになるような気がします。

先日、北九州にある「抱樸《ほうぼく》」という団体の方のお話を聞く機会がありました。路上死を出さないように、路上から一人でも多く、一日でも早く脱することができるように、「ホームレス」、「ハウスレス」の人がいなくなるように、30年以上実践を続けてきた団体だそうです。「抱樸」とは、「素《そ》を見《あら》わし樸《ぼく》を抱《いだ》き」という老子の言葉だそうで、「樸」とは、荒《あら》木《き》、原木のこと。みんなそのままで生まれてきて抱かれて育ってきたのだから、人生の終わりにも、同じように抱かれる場所に戻れるように、と、誰をも「断らない」支援を模索してこられたのです。専門性を要する「制度」はもちろんぜったいに必要だけれど、同時に「制度」、は対象者を決めてしまって、そこから外れる人ができてきてしまう。家族のように、あるがままで、ただ、誰でも受け止める、と「制度と家族の間」をうめるべく、活動されてきた、といいます。「ホームレス」はおらず、「名前を持つ個人」がいるだけ、と語る代表のお話は印象的でした。自立することは生きることとくらべたら、とても小さなことなのだ、と。

あるがままの状態で抱かれること、つまりは、存在そのものが寿がれることが、誰にも必要なのだ、と思います。誰も、誰かのバッドニュースにならなくてもいい、ということ……。

その話を聞きながら、あらためて、「生まれた時にあるがままで抱かれる」、のことを考えたのでした。「子育ての困難」って、「生まれた時とか小さい時にも、あるがままでは抱くのが難しい」って、言葉をかえて言っている、とは言えませんか。そんなことないよ、そういう話じゃないよ、だれにとっても子どもを育てるのって大変なんだから、とまた言われそうな気がしますが、大変だ、大変だ、って言われるだけで、幼い人たちの存在は、バッドニュースになりませんか。赤ちゃんや子どもにはそんなことわかりませんよ、とも言われそうですが、いまどき、子どもや赤ちゃんの発達や行動を研究しておられる方から小さな赤ちゃんも本当に色々なことがよくわかっている、ということが示されています。

だいたい、そんな研究結果をもちだすまでもなく、わたしたちおとなの態度は、子どもには、きっとよくみえているんじゃないでしょうか。自分の一番そばにいてくれるおとなが自分の存在を「困難」と思っている、うとましく感じている、そういう言葉にならない雰囲気は、感知されないはずはない、と思うのです。それってなにか、大きなことじゃなくて、とても小さなことのつみかさねで、たとえば、自分に向けられる一瞬の眼差し、とか、自分をのぞきこむ表情とか、自分にふれる手の感じ、とかそんなことだと思うのですがね。

でも、実際にそういう話をすると、「そんなに自分の子どもたちを傷つけたり損ねてしまったりする可能性があるなんて、怖くて子どもをもつことはできない」と、生殖年齢にある方々には、いっそう、言われてしまうのかもしれない。それでなくても「妊娠、出産、子育て」の語り口が総じて「困難」ということばで飾られているところに、さらに、それを「困難」と思うことで自分の子どもが傷ついたりしてしまうかもしれないなんて、いっそうおそろしくて、子どもはもてない、と思ってしまうのかもしれない。このように書くと、COVID-19と同じように、この国の少子化についてもなんら、明るいきっぱりした展望が描けない、ということになってしまいます。

「男の子はどのように育つのが良いのか」というような具体的な話に入る前に、この「子育ての困難」という言い方をごく普通のものにしてしまうことについてあれこれ考えてしまいました。内田先生はご存知のように私は男の子二人を育てました。自分がやすやすと子どもを育てた、といいたいわけはありません。やすやすと育てた、とも、勝手に育った、とも思っているわけではないし、二人の男の子を育てて、ふたりとも30前後、という年まで育って、これでオッケーだった！　とか、思っているわけでもありません。思っているわけでもないけれど、還暦をすぎて、ふりかえってみると、というか、べつにふりかえってみなくても、子育ての真っ最中だったときも、「子どもを育てることが困難」、は、思ったことがありませんでした。過ぎたことだから、いいように解釈しているんだろう、というところもあるかもしれないし、内田先生とるんちゃんの往復書簡に出てくるように、親と子では全く同じことを違ったように解釈していることがある、ということも、よくあるんだ、ということを前提としても、それでも「子どもを育てることが困難」とは思わなかった。

子どもを育てることは、楽しみであり、喜びであり、生まれてきた理由を完結させてくれるものであり、というか、子どもがそこにいるのだから、私の人生は彼らと共に生きる人生しかなくて、それが困難とか考えることとすらなかった、という言い方しかできない……。あまりむずかしいことを考えていなかっただけかもしれませんが。すくなくとも、バッドニュースと考えたことは一度もなかった。そのことについて、子どもたちがどう思っているかについては、幸いというか、あいにくというか、知らないままなので、聞いてみたら、それこそ親と子では違う解釈になるのかもしれませんから、なんとなく、聞かずにだまっておきたい、というような気がしています。

今日はここまでで筆をおくことにします。時節柄、どうかご自愛専一に、ご精励くださいませ。

２０２１年４月１日　三砂ちづる 拝

第1便 B

子どもを手離すときのむずかしさ

内田樹より

三砂先生

こんにちは。内田樹です。

お久しぶりです。往復書簡、安藤さんから企画を頂いて即答で「やります！」とご返事しました。

往復書簡という形式が僕はわりと好きなんです。

以前、鈴木晶さんとも、平川克美くんとも往復書簡を本にしました。いまも経済学者の石川康宏さんと『若者よ、マルクスを読もう』というシリーズを出しています。マルクスの本を一冊選んで、それについて二人であぁでもないこうでもないと熱く語り合うという趣向のもので、『共産党宣言』から始まって、ゆるゆると10年あまりかけてようやく『資本論』にまでたどりつきました。石川さんから書簡をもらって、うっかりすると返事を書くまでに半年くらいかかるということがよくありました。でも、それくらい時間をかけてゆくといい感じに話が「熟成」するということはあるんです。

対談だと、そのときにとっさに思いついた話が意外に面白かったということがありますが、往復書簡だと「とっさに」がありませんが、その代わりに「じっくり」ができます。調べものも時間をかけてできますから、正確を期すことができる（対談だと、もうだいたい老人同士なので、「ほら、あれ、何て言ったっけ。ほら、あれだよ」と二人で言い合うばかりで、さっぱり話が前に進まないということがよくあります）。

今回は「子育て」についてのお話ですから、あまり文献やデータの引用とかはなくて済むと思いますけれども、デリケートな話柄ですから、適切な言葉づかいができるかどうか自信がありません。ですから、じっくり考えて、言葉を選ぶ時間が与えられるのはありがたいことだと思います。どうぞよろしくお願い致します。

新型コロナウイルスの感染が始まって1年以上が過ぎました。最初のうちはぼんやりと「年内には終息するだろう」くらいに思っていたのですが、第二波、第三波、そして第四波と同じようなパターンで感染者の増減を繰り返しているのを見て、日本での感染の終息は当分期待できないだろうという気がしてきました。今年も、会食を伴ったり、泊りがけで起居を共にするタイプのイベントはおおかた「ないもの」とみなして、スケジュールから消しました。もう当分は（あるいは永遠に）「コロナ以前の生活」に戻ることはないんじゃないか。なんとなくそんな気がしています。

でも、そういう心構えをしている人はどうも政策決定レベルにはあまりいないみたいですね。ＧｏＴｏトラベルとか、緊急事態宣言解除の前倒しとかを見ていると、「正常への復帰」を願うせいで、そのせいでむしろ「非常時」がずるずると延長されているように見えます。

非常時であるということをきちんと受け入れれば、正常への復帰もそれだけ早まる。そのことは感染抑制にこれまで成功した国の事例を見ればわかると思います。でも、日本政府はそれを学習する気がないらしい。国民も「成功事例を学習する気がない日本政府」をとくにきびしく批判する気がないらしい。

たぶん日本人は「平時」と「非常時」の切り替えがひどく苦手なんだと思います。どこの国民も多かれ少なかれ、そういうものかも知れませんが、日本人はとりわけ苦手なんじゃないかな。

平時から非常時へのモードの切り替えが恐ろしく下手というだけではなく、常日頃から「最悪の事態」を想定して、それに対する備えをしておくということができないようです。「リスクヘッジ」とか「フェイルセーフ」とか「バックアップ」という思想がそもそも固有の文化の中にないんじゃないでしょうか？　だって、いま挙げたこの三つの単語って、どれ

も適切な日本語訳が存在しないでしょう？　「やまとことば」にこれに対応するものがな

いのは仕方がないとして、ついに適切な訳語が作られなかった。

訳語が作られなかったのはただの知的怠惰だと思う人がいるかも知れませんけれど、僕は違うと思う。たしかにある時期から横文字を漢字二語にするということが面倒になって日本人はしなくなりました。でも、「国風化」ということはありました。それは英語を「四文字」にするという言い換えの習慣です。「アンダーグラウンド」を「アングラ」と言い換え、「パーソナル・コンピューター」を「パソコン」と言い換え、「コミュニティ・センター」を「コミセン」と言い換え、「プログレッシブ・ロック」を「プログレ」と言い換え……枚挙にいとまがありませんけれど、「これはもとは外来のものだが、日本社会に定着した」という査定が下ったものについては「四文字」を与えた。そういうことじゃないかという気がします。でも、「リスヘジ」や「フェルヤー」や「バクアプ」という語を僕は聴いたことがありません。誰かが言ってみても、たぶん通じないと思います。

ということは、これらの外来の概念については、日本人たちが集合的無意識のレベルにおいて「定着させない」という決断を下したからではないか。僕は何となくそんな気がします。そういうのはいいんだよ、うちの「家風」になじまないから、って。

なんか変な話から始めてすみません。

僕が言いたかったのは、日本人はとかく「正常」にこだわりすぎて、「非常時」への切り替えが集団的に苦手なんじゃないかという気がするということです。

ずいぶん前からそう思ってきました。

日本人の国民感情はたいへん惰性が強い。「今日の話は昨日の続き。今日の続きはまた明日」ということが不可疑の前提となっていて、状況が一変して、昨日までの判断基準がもう使いものにならないという現実を受け入れることができない。

その惰性の強さが日本社会で起きているすべての現象に伏流している通奏低音のようなものである気がします。

だから、コロナで可視化された「困ったこと」は、他の領域で起きている「困ったこと」とも構造的には同一なんじゃないかという気がするんです。

子育てについても。

子育てでいちばん難しいのは「子どもを手離すとき」だと僕は思うんです。親がそばにいて、子どもに対して「こういうふうに育って欲しい」ということを心の中で思っていると(口に出さなくても)、それが「縛り」になっていて、子どもの成長の道筋がどこかで塞き止められたり、ねじ曲げられてしまう。

子どもの中に潜在している才能の中で、親が肯定的に認められないもの、あるいは親がその存在さえ知らないものは、親が近くにいて、愛情深いまなざしを送っていればいるほど、むしろ発現することが困難になる。そういうことって、あるんじゃないかと思います。

子どもを守ることは親の最優先の課題ですけれど、ある段階まで子どもが育ったら、もう「守る」ことを諦めて、「好きにしなさい」と言って送り出さなければいけない。

これはたいへん困難なモードの切り替えだと思います。

この「平時から非常時への切り替え」の段差で、たいていの親は足がもつれる。だって、「子どもを守る」というそれまでの人生で最優先であり、それを果たしさえすれば周囲から「よくやっている」とほめられて、親本人も「私は親としてやるべきことはやっている」と自己評価できた仕事が「それ、もういいです。子どもさん、迷惑がってますから」と言われるわけです。それもいきなり。

愕然《がくぜん》としますよね。愕然として当然だと思うんです。

子どもからある日「あのさ、親の愛情とか、気づかいとか、もう要らないんだよ。迷惑なんだよね、正直」と告げられたときに「おお、ついにわが子もこのような成熟段階に達したか。善哉善哉《よきかなよきかな》」とにっこり笑える「できた親」なんてまずこの世にいないと思います。

でも、親にはこの「離別の宣言」をなんとかにこやかに受け止め、できることならそれを言祝《ことほ》ぐことができるようにならなければならない。つらい仕事ですけれど、しかたがない。「子育て」仕事の次は「脱・子育て」という仕事が待っている。どちらも親のたいせつな仕事だと僕は思います。

でも、いまの世の中では、「子育て」までは「親のたいせつな仕事」だというふうにひろく認識されてはいますけれど、「脱・子育て」もまた「親のたいせつな仕事」であり、親の側にさらなる人間的成熟を要求するという考え方はあまりされていないように思います。

子どもを愛し、気づかうということはわりと本能的にできます。

これは子育てをした親としての僕の実感です。あわてて言い添えますけれど、あくまで「わりと本能的に」です。だから、それが「できない」という人も当然います。それは消化器の蠕動《ぜんどう》とか、ホルモンの分泌とかと同じレベルのことですから、自己努力でどうこうできるものじゃない。でも、この話はまた別の機会にすることにしましょう。

とりあえず、子どもを愛し、気づかうことはわりと本能的にできる。僕はそう感じます。でも、子どもから「もう愛したり、気づかったり、そんなに前みたいにしなくていいです」と言われて、それを受け入れるためには本能だけでは足りない。そこには感情の成熟が必要になる。

日本語では「感情教育（éducation sentimentale）」という言葉は日常語としては存在しませんけれど、僕は「感情教育」というのはたしかにあって、それは死ぬまで終わらないものだという気がします。

ただ、それは子どもの感情から若者の感情を経て、大人の感情になって、やがて老人の感情になるという単線的な変化のプロセスのことじゃなくて、子どもの感情の上に若者の感情が堆積して、その上にまた大人の感情が積み重なって、その上にまた……というふうに漬物みたいに、感情が重層的になってゆくことなんじゃないかと思います。

だから、感情教育のプロセスをきちんと踏んできた人においては、子どものイノセンスも、若者の冒険心も、大人の狡知も、老人の諦念も、すべてが心の中に並列的に存在していて、それらがまじりあって、独特の風味を醸《かも》し出す。そういうことだと思います。そして、日本の親たちが「脱・子育て」をあまり得意としないのは、感情教育に終わりはないということが常識として登録されていないからではないか、そんな気がします。

でも、最初からあまり先走ることはないですね。「子離れ」の話はまたいずれするとして、第1便ですから、もっとのんびり世間話に寄り道することにします。

三砂先生の話「不倫」のことから始まりましたけれど、これは実は僕は苦手な話題なんです。

『007／カジノ・ロワイヤル』でジェームズ・ボンド（ダニエル・クレイグ）がお目付け役のヴェスパー・リンド（エヴァ・グリーン）に向かって、「君はオレのタイプじゃない」と言い放つシーンがあります。ヴェスパーが皮肉っぽく笑って「頭がいいから？（Smart?）」と訊くと、ボンドが「独身だから（Single）」と冷たく答える。

そうなんです。ボンド君は「不倫専門」なんです。理由はボンド君的には明快で、「追いかけてこない」からですね。あくなき性的自由の探求者であるボンド君としては、「結婚して」と訴えてくるリスクがない女性がいちばんいい。

僕はぜんぜんジェームズ・ボンド的な人間ではないのですが、それでもあれこれとつらい経験をした末に「不倫はいかん」という結論に至りました。「ウチダ君はどうしてそういう結論に至ったのであるか、その由来について具体的に述べよ」と言われると困ってしまうのです。まあ、いろいろあったけれど、不倫はいかんですということです。それでご容赦願いたいと思います。

それはやはり三砂先生がおっしゃるように、僕の存在そのものが誰かにとっての「バッドニュース」であるような生き方はどこかで心身に傷を残すということだからだと思います。

何より僕は嫉妬という感情がたいへん怖いのです。自分が嫉妬心を抱くときの身体が壊れそうになる痛みを考えると、僕を嫉妬の対象にした人が経験している痛みに対しても「申し訳ない」という気持ちになる。「申し訳ないじゃ済まされんぞ」と言われたら、ほんとうにそれまでなんですけれど。

嫉妬という感情は嫉妬する人も、される人も、関わる人全員を傷つけるとても危険で不毛な感情です。僕はできたらそういう剣呑《けんのん》なものとはもう二度とかかわりあいになりたくありません。ですから、できたら、誰にとっても「バッドニュース」でないような生き方をしたいと願っているのです。でも、わが身を顧みるとそれは難しそうです。

僕がどこかに場所を占めて、ある仕事をしていると、それだけでも「それがバッドニュースだ」と思う人がいる。これは避けがたいのです。僕がしている仕事をなぜか「私がすべき仕事」だと思って、それを僕が不当に横取りしたと思う人がいる。「ウチダがそこにいるせいで、オレの場所の日当たりが悪くなっている」と思う人がいる。それはどうにも避けられないのです。

たしかに、僕がどこにも出かけず、何もしなければ、人の虎の尾を踏むこともないんですけれど、そうもしていられない。そして、どこかで何かひとこと言うたびに、ある種の人々に向かって「バッドニュース」を告知することになる。

70年生きてきて、人を傷つけずに生きるということはたぶん誰にもできないのだろうなと思いました。

「七十にして心の欲するところに従って矩《のり》を踰えず」と孔子は言ってますけれども、そう言った夫子ご本人が晩年になっても13年間亡命生活を余儀なくされて、あちこちで難に遭っているわけですから、ご本人は「矩を踰えず」のつもりでも、周りから憎まれたり、嫌われたりすることは避けられなかったわけです。

孔子にできなかったことが僕たちにできるはずがない。僕たちにできることは、せめてそれについての「病識」を持つことだと思います。

僕が存在していて、何かしているせいで、それだけでもう傷つく人がいる。プライドを損なわれたり、自己肯定感を減じたりする人がいる。そのことは避けられない。僕に積極的な害意がなくても、その人のことを知らなくても、結果的に僕のふるまいで傷つく人はいる。

それについて口を尖らせて「そんなの知るかよ。オレの責任じゃないよ」と言い放つことはできない。そういう傷についてもやはり心の中で手を合わせて「ごめんね」と謝る。誰だか知らない相手ですけれども、心の中で謝る。謝ったからと言って、それで何か「いいこと」が起きるわけではないんですけれども、それでも。

さあ、書いているとどんどん長くなってしまいそうですので、今日はこれくらいにしておきます。のんびりと寄り道をしながら、三砂先生と子育てについてお話しするのを楽しみにしています。

2021年4月16日　内田樹 拝

第2便

la deuxième lettre

感情との
つきあい方

第2便 A

なぜすべてにそう悲観的なのか？

三砂ちづるより

内田先生

お便りありがとうございます。

ご多用な中、往復書簡企画をお受けくださいまして、あらためてお礼申し上げます。便箋を取り出してペンを取っているわけではありませんが、こうして落ち着いてパソコンに向かって内田先生にお便りを書く、ということに喜びを感じます。どうぞよろしくお願いいたします。

お便りっていいですよね。メールもＳＮＳもなかったころ、って、誰かに親しく文章を送る方法は手紙しかありませんでした。それって、２０２１年の今からさかのぼること、だいたい30年ほど前のことですから、私たちの世代にとっては、ついこのあいだのことですね。30年前にはすでに固定電話は十分に普及していましたから、電話は通じるけど、その頃電話代は結構高かったから延々と話すことなんかできなかったし、ファックスはすでにありましたが、誰の目にも触れるものですから、あんまり個人的なことを書いて出すわけにはいかない。手紙しかなかった。

手紙は、書こう、と思って便箋を取り出して、ペンをとって書き始める、いやいや、これは違う、と思って便箋を破り捨てる、そして書き上げて、読み直して、封筒に入れる。読み直すと送れないだろうから、読み直さないで封筒に入れたこともありますが、とにかく、封筒に入れて封をして、宛名を書いて切手を貼って……といろいろな段取りがあり、あんまり感情的なことなんかは、その段取りの途中で思い直したりして、お便りを出すに至らなかったり、なんていうこともあったと思います。そして、その切手を貼った封筒を、ポストまで運んで行って、はい、とポストに入れる。その前に、やっぱり考えましたよね。これ、出していいのか、出したらもう終わりじゃないか、そんな手紙だったらやっぱり、ポストの前でたたずんだり、たたずんだ後、出さずに部屋に戻ったり、なんていうこともあった。

出した後、ああ、やっぱりこれはまずい、本人に読んでほしくない、と思えば、取り返すこともできた。日本郵便はいまもこのサービスをやっていて、そんなに高くない手数料を払うと、一旦出した郵便も、相手側の配送郵便局に近いところに連絡して、手紙を取り返してくれます。実は最近、別に出しちゃいけない手紙ではなかったのですが、単純な間違いに気づいて、このサービスを使ったことがあるのですが、実に手際よく、私の出した書簡が家のポストに戻ってきて、感心したことがあります。ともあれ、手紙って、出した後にでも、取り返すこともできる。すごいですよね。何が言いたいか、というと手紙って感情を言葉にして相手に届けるまでに、「ためらう」時間がいっぱいあったな、ということです。やり直しがきいたし、感情というのは、ためらって、自分の中で醸成して、それから相手に開示していくようなものだった。

電子メールが普及し始め、私自身が使い始めたのは1993年くらいではなかったか、と記憶します。よく覚えているのは、「長男が生まれた時に電子メールを使っていなかった」、「次男が生まれた時にも電子メールを使っていなかった」ことを記憶しているからです。

長男は1990年にブラジルの北東部セアラ州という辺境で生まれました。辺境と言いましても、住んでいた州都のフォルタレザは海岸部に位置する人口200万の都市ではあるのです。ブラジルの中心、サンパウロ、リオデジャネイロから何千キロも離れたところで、州都を出ると、延々とかわいた内陸部が広がります。

19世紀の終わり、ブラジルが共和国になった直後、宗教的指導者に率いられて2万5000人が最後まで共和国軍に抵抗したという、カヌードスの乱が起こったのは、この北東ブラジルの内陸部でした。かのマリオ・ヴァルガス・リョサが『世界終末戦争』

で題材にしています。このタイトル、スペイン語の原文は“La guerra del fin del mundo”で、直訳すると「世界の果ての戦争」です。もう、辺境中の辺境の、世界の果て。原文がスペイン語なのは、リョサがペルーの人だからです。ブラジルの人ではない。ブラジルの人ではないリョサが、ブラジルという国の根っこに関わるようなカヌードスの乱について大長編小説を書ける、というところがラテン・アメリカというところの大変興味深いところなんですよね。

ともあれ長男はブラジルの辺境で生まれました。そのときは、もちろんSkypeもＬＩＮＥもWhatsAppもなく、国際電話はものすごく高かったから、とにかく日本にひとこと「子どもが生まれた」と電話をするくらいしかできません。もちろん、メールは、なかった。親しい友人でも、わたしに子どもが生まれたことを半年くらい知らなかったんじゃないかと思います。地球の裏から、気楽に、ふっとメッセージを送る手段はありませんでした。

次男は１９９２年にロンドンで生まれました。こちら、ラテン・アメリカの辺境ではなく、世界のロンドン、です。海外に出かけるたびに入国の際に「Place of birth」すなわち「生地」を書類に記入することが多いですけど、その書類に長男は、あまり知る人もないブラジルの辺境の地を記し、次男は、世界のロンドン、を書くのだよなあ、それってなんらかの影響を人に及ぼすものかしら、と、うらうらと思うようになったのは、だいぶあとのことです。

そのころ私はロンドン大学衛生熱帯医学校という大英博物館の裏の古い建物にある学校で働いていました。当時のイギリス式の産前産後休暇は、産前でも産後でも通算して6週間とれることになっていまして、いつとるか、は、自由に選ぶことができた。2歳になる前の長男がいたこともあり、自分自身が基本的に元気だったこともあり、産後に休みを取りたいと思っていたこともあり、お産をする予定の病院はイギリスの公立ヘルスサービスでは住んでいるところで指定されることになっていて、私の場合は、職場の目と鼻の先にあるユニヴァーシティ・カレッジの産院、ということもあり、ぎりぎりまで職場で働いていたのです。ほんと、こういうこと、やってはいけません。働きすぎで結構たいへんなお産になり、ユニヴァーシティ・カレッジ産院の先生方に大変お世話になることになってしまいました。日本はお産の前に休暇を取ることが制度化されていますし、妊娠初期からもいろいろな制度を使えますから、妊婦の皆様は早めに産休をとってもらいたいものです。

その時のお知らせも、長男のときと同じく、「また男の子、生まれた」と日本に一言電話したことだけ覚えています。

一般にメールが使えるようになることに先んじて、大学などのアカデミック組織でメールが使えるようになり、私が実際に初めて日本の大学に勤める友人にローマ字を使った電子メールを送ったのは、だから、このブラジルとイギリスでの出産の後だったと記憶します。ローマ字を使ったメールを送ったのは、当時すでに日本を離れてだいぶ経っていて、日本語と関係ないところで仕事していた（せざるを得なかった）ため、パソコンは日本製のものではなく、当時の日本製じゃないパソコンでは日本語入力ができなかったからです。そのあとは、あれよあれよという間に電子メールの時代が到来し、いまのSNSの時代へと続くのです。

なんと言っても私は地球の裏におりましたから、一瞬で自分のメッセージが日本に届いている、というのは誠に驚愕すべき事実でありました。でも一瞬で自分が書いたことが、それも結構長文が、相手に届くって、おお、怖い、と思ったことをよく覚えています。

これ、電話じゃない。文章だ。残ってしまうことだ。読み直されてしまうことだ。こんなものができちゃって、壊れなくてもいい人間関係が壊れちゃうだろうなあ……。瞬時に感情のやりとりをする方法なんてもともと相手を前にしてしかなかったはずだし、電話が発明されて、声だけでできるようになったとはいえ、まだまだ値段も高いから長電話できなかったし、どっちにせよ、電話の声って残りはしない。こんな長文の文章によるやりとり、しかも手紙のように一対一のパーソナルなやりとり……。

悲劇はそこにあらかじめ内包されている、と思っていたところ、職場（ロンドン大学衛生熱帯医学校）では、保健関係の国連組織（といえばどこかわかっちゃうと思いますけど）にエラい人として赴任していたなんとか先生が不倫相手の同僚に送るべきメールを、職場全員allあてに送っちゃった、後で必死の弁明をしていたけど、もう遅かった……みたいなことがティータイムの話題になっていたりして、おお、やっぱり恐ろしい、と思いましたが、こういう不倫の話題は内田先生、苦手だそうですから、この話はここまでにします。

ともあれ私は電子メールの普及する直前に、父親がブラジル人の男の子二人の母親となりました。安藤さんからいただいた、この往復書簡のお題は「子育て」、しかも「男の子の子育て」でありますから、自分自身を語ることから逃れられないのは覚悟しているところではありますが、いろいろな意味でとても特殊な環境で子どもたちを育ててきたので、あんまり汎用性のある話はできそうにありませんが、お相手くださるのが、内田先生ですから、ゆっくりやっていきたいです。あらためてどうぞよろしくお願いいたします。

お書きくださっていた、「感情教育（éducation sentimentale）」、フランス語ですね。フランス語文脈ではよく使う言葉なのでしょうか。フランスはもちろん特別なところで、スペイン語、イタリア語、ポルトガル語、ルーマニア語を話すほかのラテンのみなさまとはちょっと違うと思いはしますが、共通するところも、やはりあると思う。「感情」ということ、感情を表すということ、感情と付き合っていくこと、についてラテンのみなさまの人類への貢献はすごく大きいように思います。この上記の男の子二人（もう30歳前後で男の子じゃないですけど）の父親がイタリア、スペイン、ポルトガルのオリジンを持つブラジル人であったこと、長男のゴッドマザーになってくれた親友がスペイン人女性であったこと、実際にブラジルでブラジルの親戚と深く関わりながら10年ほどブラジル人家族として暮らしてきたこと、などから、子どもを育てることにおいて感情を大切にする、感情を育てる、ということをずいぶん学ぶことができたような気がします。

世界の様々な文化や民族は、得意分野があるように思います。それぞれ、人類としての発展のための得意な分野。やっぱりアカデミックな分野はアングロサクソンのみなさまの貢献が大きいのは、イギリス、アメリカという国の覇権のみでなく英語という言葉がアカデミックな分野にぴったりの論理性を備えているからだ、と思います。論文、という形のものを書くとき、英語だとごまかしがきかない。日本語で書いているとなんとなく、ちゃんとしたことを書いているように見えても、英語にどうしても訳せない、というときは、論理的に書けていない、ということだったりします。これって日本語だからかな、と思っていましたが、少なくともポルトガル語ユーザー、スペイン語ユーザー、フランス語ユーザーから似たようなことを聞きました。ポルトガル語で書いていると、なんだかぐるぐるおんなじこと書いちゃうんだよね、うん、フランス語もなんとなく勢いで書いちゃってるけど、論理的じゃなくなるんだよな、とか。でもこれ、私が医学系の分野で論文を書いてきたからかもしれず、人文科学の分野ではフランス語で書く、というのは特別な意味のあることらしいのは、キラ星のようなフランス思想、哲学のお名前を見てもわかります。内田先生のまさにご専門の世界ですね。

世界のいろいろな人たちの得意分野、の話でした。で、ラテン系の人たちは、というかラテンの言葉で豊かに表すことができることは、「感情」だと思います。感情と人間関係について語ることも好きだし、語る言葉もたくさんあるし、とても洗練された言い回しも多い。外国語を学ぶ、ということは、自分の中のあまり前に出ることがなかった部分が耕されると言いましょうか、言葉を与えられる、と言いましょうか、私自身は、関西弁ネイティブの日本人ですが、10年ブラジルに家族として住んだので、ポルトガル語スピーカーですし、イギリスの大学にも長く勤めたので、発音とかめちゃくちゃですけど、なんとか英語使って生きていくこともできる英語スピーカーでもある。英語を使っている私とポルトガル語を使っている私と日本語を使っている私では、同じ自分ですけど、前に出している部分が違います。ポルトガル語を話している私は、他の言葉を話しているときより、明らかに感情を前に出しています。

ブラジル人家族として暮らしていた頃、「なぜすべてにそう悲観的なのか」と言われたことがあります。「なぜ、悪いことばかり、困ったことが起こったことばかり、考えるのか？悪いことが起こった時は、全力で対処しなければならない。その時はどうせ、全力で対処しなければならないのだから、起こる前にあれこれ悪いことを考えてないで全てうまくいく、と楽観的に考えていた方がいい」としみじみと言われました。これ、よく言われる、日本人は悪いことばかり考えて、今を十二分に楽しめない、という、あれ、です。この悲観的なこと、物事の最悪ばかりを考えてしまうこと……しみじみとなんでかな、と考えましたね。そんな悪いことばかりなぜ考えるのか。災害の多い国で育ったからか、備えよ常に、というメンタリティで育ったからか。

しかし、内田先生の「平時から非常時へのモードの切り替えが恐ろしく下手というだけではなく、常日頃から「最悪の事態」を想定して、それに対する備えをしておくということができない」私たち、というのを読んで、あらためて、思いました。私たち、あれこれ悲観的に考えているように見えて、実は考えていないんじゃないのか。むしろ、考えることをシャットアウトしているのではないか。考えないで、起こったらどうしよう、どうしよう、と、ただの取り越し苦労、をしているだけじゃないのか。取り越し苦労のなにがいけないのか、は、今が楽しい、と思えなくなる。今を楽しい、幸せ、と思うと、「そんな幸せでいていいはずがない」になる。ひたすら低い自己肯定感。そういうのって、本当の意味で、「最悪の事態」を想定して、しっかり備えをする、という綿密な作業を妨げるものです。

「感情」とうまく付き合いながら、モードを鮮やかに切り替えつつ、冷静に綿密に現状を読み、備えを積み重ねる。この辺りのマインドセットの基礎は、どのあたりで、どう作られるのか、この辺りは「子育て」と深く関わりますね。

パンデミックのことも書きたかったのですが、長くなりますので、今日はこのくらいにしておきます。
どうかご自愛くださいませ。

2021年4月30日　三砂ちづる　拝

第2便 B

親子関係で決定的に重要なこと

内田樹より

三砂先生

こんにちは。内田樹です。

第2便、拝受しました。ありがとうございます。

三砂先生って、ほんとうにすごいですよね。ブラジルとイギリスで子ども産んで、育てるなんて。僕にはとても無理です。

僕は外見とはうらはらにきわめて「安全運転」の人なんです。

もう半世紀も前のことですけど、隣に乗っていた女の人（前の妻です）が僕の運転を見ながらしみじみと「樹ってほんとうにつまらない男ね」と呟いたことがありました。スピード制限守ったり、一時停止で停止したりするくらいのことで「つまらない男」呼ばわりされるのもあんまりじゃないかとは思いますけれど、たしかに僕は同乗していて「わくわくする」ようなドライバーではないんです。冒険心というものが構造的に欠落しているんです。ほんとに。

クロード・レヴィ＝ストロースの『悲しき熱帯』は「私は旅と冒険家が嫌いだ。」という一行から始まります。僕も「旅と冒険が苦手」なんです。「ビバ、おれんち」の男で、家から一歩も出ないで一日を過ごすことがまったく苦にならない。ですから、60歳になって、一階に道場、二階に自宅という家を建てて長年の夢を実現しました。書斎で仕事していて、稽古の時間が来たら階段を降りるだけという究極の職住近接です。コロナ禍で家に逼塞《へいそく》させられて息が詰まるという話をあちこちで伺いましたけれど、僕には正直言ってぴんと来ませんでした。「ステイホーム」が僕の場合は日常ですから。

ですから、海外で生活するということが実はものすごく苦手なんです。

若い頃はきっといずれは海外を旅する人生を送るんだろうと漠然と思っていました。「青年は荒野をめざす」がデフォルトの時代でしたからね。シベリア鉄道でヨーロッパに向かったり、長距離バスでインドに向かったりということを周りの人たちは当たり前のようにやってました。僕もその流れに乗って、大学4年生のとき、一夏をフランスで過ごしました。1974年で、『日本列島改造論』のおかげで土木機械を扱っていた父親の会社も急成長して、金回りがよくなった父親がポンとおこづかいをくれて、「これでフランスでも行ってこい」って言ってくれたんですよ。すごいですね。でも、円がまだ弱い時代でしたから、航空券購入だけで半分消えて、一月7万円（当時のレートで1000フランちょっと）で暮らすという超貧乏生活を余儀なくされました。

3か月間フランス各地を旅したので、たしかに見聞はずいぶん広まったんですけれども、最後の1週間は所持金がほぼゼロになり、帰りの飛行機のアエロフロートの機内食のまずいチキンが極上の美味に思えたくらいに痩せこけて帰国しました。

そのせいもあって、なかなか海外に行く気になれず。その次に海外旅行に出かける決意がついたのはその13年後でした（これはレヴィナス先生にどうしてもお会いしたくて、清水の舞台から飛び降りるつもりでフランスに行ったのです）。そのあともフランス人の友人に「一緒に夏休みを過ごそう」と誘われて、娘と二人で2月ほどを南仏とパリで過ごしたことがあり、神戸女学院に行ってからは定期的にフランス語の語学研修のつきそいでブザンソンに行ってました。でも、だいたいいつも憔悴し果てて帰国していました。滞在も後半になると「はやくうちに帰って、冷奴とぬか漬けとカマスの干物に大根おろし添えたのでビール飲みながら小津安二郎の映画を見たい」というようなことばかり妄想していました。

僕は留学生試験を受けたことがないんです。仏文の院生は博士課程になるとほぼ全員が給費留学生試験を受けるんですけど、僕は受けなかった。当時は週に3日ほど予備校や大学で非常勤講師をするほかは終日レヴィナスの翻訳をして、夕方からは自由が丘道場で合気道の稽古をするという「判で捺《お》したような口々」を過ごしていました。僕はその生活に

100パーセント満足していたので、その生活から離れたくなかったのです。

神戸女学院大学でも、サバティカルを僕は申請しませんでした。赴任して7年目からは1年間の休暇をとって海外で過ごす資格があったんですけれど、どうしても行く気になれなかった。娘がいるので家を離れられないということもあったし、合気道部の学生たちやゼミの学生を1年間置き去りにはできないということもありましたけど、そんなの理由にならないですよね。実際、同僚たちの中に「娘の弁当を作らなくちゃいけないから」とか「部活の指導があるから」とかいうような理由でサバティカルに行かないという人はいませんでしたから。

僕はほんとうに内向きの人間なんです。散歩をするとか、ドライブをするとか、そういうことさえしたことがないんです。春風に誘われてあてもなく歩き回るとか、ふと思い立って夕日に向かってバイクを走らせるとか、そういうことを一度もしたことがないんです。ほんとうに。用事があるところに向かって、最短時間、最短距離で移動するだけです。用事がなければずっと家にいる。

よく考えると、かなり異常な性格だとは思いますけれど、いまさら治しようもありません。ですから、三砂先生みたいな生き方には、ほんとうに「ぜんぜん違うなあ」と素直に感心してしまうんです。そういう冒険的な生き方は僕には絶対に真似ができません。なにしろ「冷奴と小津」ですからね。海外で学位をとったり、子育てするなんて、絶対無理です。

なんでこんな話をしているかと言いますと、僕が育児にずいぶん熱心に取り組んだのは、別に「意識が高い」とかいうことではなくて、男にしては異常に内向きな人間だったからではないかと思うんです。旅と冒険が苦手で、うちにいるのが大好きだから、育児が少しも苦にならなかった。

離婚したあとは父子家庭で12年間男手ひとつで子育てをしたわけですけれど、実際にはその前の6年間も、嬉々として育児をしていました。保育園の卒園式の時には「保護者代表」に指名されて、謝辞を述べました。父親が「保護者代表」をしたのは僕が園創立以来はじめてだったそうです。まあ、毎日子どもを送迎して、保育園の行事にはフルエントリーするというような「変な父親」は僕の他にいませんでしたから。

ですから、僕が語る育児についての論には実はぜんぜん一般性がないのではないかと思うのです。世の男親たちが僕の書いたものを読んで「ぜんぜんオレと違う。こいつ変だよ」という印象を持ったとしても、そう思う方が圧倒的多数派で、僕は例外的少数派に過ぎないんだと思います。

僕は小さい頃は女の子とばかり遊んでいました。学校が終わると、クラスの仲よしの女の子たち数人と手を繋いで帰り、誰かのうちに上がり込んで夕方まで遊んでいました。僕が風邪をひいて学校を休んだときに女の子たち5人がお見舞いに来てくれて、父親に「樹には女の子しか友だちがいないのか？」と驚かれたことがありました。

もちろんそんなことはなくて、男の子の友だちもいたんですけれど、僕は6歳のときにリウマチ性の心臓疾患に罹って、心臓の弁膜に異常が残り、外で走り回るタイプの遊びについてはかなり制約がきびしかったのです。だから、どうしても室内で女の子としずかに遊ぶしかなかった。

男の子よりも女の子と仲良しという状態は10歳くらいまで続きました。それが11歳のときに平川克美君と同じクラスになって「男の子の親友」というものができて、それから急に男の子たちと遊ぶ方が楽しくなり、以後「ふつうの男子」になりました。

でも、僕の場合、ジェンダー意識の形成の最初期に刷り込まれたのが「女の子たちと一緒にいるのはほんとうに楽しいなあ」というほんわかした原体験だったんです。その経験が大人になって、人の親になったときに影響しなかったわけはないと思います。

父子家庭で子どもを育てたことについて、「よく、そんなことができたな」という驚きの声は何度も向けられましたけれど、よく考えると、「オレにはとても真似できない」というのは「それができたのは、内田が『変』だからだよ」という暗黙のメッセージも同時に発信していたのかも知れません。でも、僕はそれには気がつかなかった。

まあ、いいんですけどね。人はみんなそれぞれの仕方で「変」なんですから。

ただ、そういう自分のジェンダー的な偏りを勘定に入れておかないと、育児について僕の個人的経験を過度に一般化するリスクがあるかも知れないと思います。そのことを三砂先生に返信を書き始めているうちにふっと思ったのでした。

まとまらない話ですみません。でも、これは別に雑談に逸脱しているわけではなくて、前便で書いたように、「感情」が育児における中核的な問題ではないかという気がするからです。

子育てというのは何か「こうすればうまくゆく」というような万人向けのマニュアルがあるわけではありません(それについては三砂先生も同意してくださると思います)。そうではなくて、ひとりの子どもとひとりの親の間で営まれる感情と感情の「すり合わせ」という一回的な、追試不能な経験ではないかと思うんです。

だから、両者それぞれの感情の熟成度の差とか、感情の肌理《きめ》の精粗とか、とても言葉にしにくいことが親子関係では決定的に重要になるんじゃないか。なんだか、そんな気がするんです。

すごく言葉にしにくい話なので、そんな面倒な話はふつうはあまりしません。でも、子育てというのは、「とても言葉にしにくいこと」を必死になって言葉に置き換えてゆくのだけれど、どの言葉も「言い足りない」か「言い過ぎ」かであって、言い終わってもぜんぜんすっきりしない……というオープンエンドな営みじゃないかと思うんです。

例えば、子どもは親とのかかわりを通じて母語を習得するわけですけれど、コミュニケーションが開始する時点では、赤ちゃんは母語を知らないわけですよね。「母語を習得しておくと親とのコミュニケーションにも便利だし、将来的な就職にも有利」というようなことを赤ちゃんは考えません。でも、母語運用者である親との「理解できない言語」のやりとりを通じて、赤ちゃんは短期間のうちにすぐれた母語運用者になる。この母語の習得のメカニズムが子育てのいちばん基本にある営みではないかと僕は思うんです。非常にプリミティヴな、「原始スープ」のような赤ちゃんの感情組成が、親の感情との接触を通じて、しだいに分節されて、複雑化してゆく。だから、親の感情的な熟成度が子どもの感情生活形成には決定的な影響をもたらす。母語習得と同じです。響きの良い音韻で赤ちゃんに語りかける親に育てられた子どもは響きの良い母語話者になる。それと同じで、親が豊かな感情の語彙を持っており、自分の感情を抑制したり、解発したり、表情やみぶりや声質で表象する技術に熟達していると、子どもの感情生活もそれだけ奥行きのある、厚みのあるものになる。そういうことってあるんじゃないかと思うんです。

そのメカニズムを解明するためには、まず親の側が自分の感情生活形成の行程を回顧的に分析してみる、ということが必要なのではあるまいか、と。そんなふうに思うんです。

「人間の感情は誰も似たようなものだ」と断定するより、「ひとりひとりの感情の形成過程はかなり違っている（だから、自分の感情生活を十分な吟味抜きに他者に適用してはならない）」ということを前提にしておいた方が、少なくとも親子関係で傷つけ合うリスクはずいぶん回避できるんじゃないかと思うのです。

この往復書簡は「男の子を育てること」という以外には特にテーマを定めないで、なんとなく始まりました。「なんとなく」始まったおかげで、三砂先生と僕が「なんとなく」とっかかりのトピックを選ぶことができた。その無作為な選択を決定づけているのは、おそらく三砂先生と僕のそれぞれの感情生活ではないかという気がするのです。

今日もまとまりのない話でごめんなさい。でも、こうやって「下手な鉄砲も数撃ちゃ当たる」的にトピックを転々としているうちに、だんだん核心に迫ってゆくことができるんじゃないかと僕は思っています。ではまた。

２０２１年５月17日　内田樹 拝

第3便

la troisième lettre

子育てにおける母語の意味について

第3便 A

性教育はナナメの関係で

三砂ちづるより

内田先生

こんにちは。先日は、ばったり、お目にかかりました。前便に、10歳くらいまで男の子より女の子の友達の方が多かったのだけれど、11歳の時に平川克美くんに会って、はじめて「男の子の親友」ができた、と、お書きになっていましたね。そうやって、はじめてできた男の子の親友と、いまだに一緒に遊べるなんて、ほんとうにいいですね。

コロナパンデミック前までは、平川克美さんの隣町珈琲で連続講座をさせてもらったりしていましたが、昨年3月以降、伺うことがないまま、隣町珈琲が移転した、というお話もきいたままになっていました。で、先日、ふと出来心で、隣町珈琲に伺うことにして、新しくできてものすごく広くなって、平川さんの蔵書がたくさん置いてあるお店で、平川さんとコーヒー飲みながら、詩の話などしていたところに、内田先生がおいでになり、三人でおしゃべりすることになったのでした。オンライン対談とか、この往復書簡とかやらせていただいていますが、内田先生に直接お目にかかるのは、ひさしぶりでしたね。アレンジしようとしても難しいと思いますから、あのタイミングで「ばったり」お目にかかれて、とてもうれしかったです。まあ、平川克美さんのところにうかがっていて、そこで、お目にかかる、というのは、必然ともいえますし、そんなに偶然、ともいえないのですけれど……。でもやっぱりあれは、ばったり、お目にかかりました、の状況でありました。

なんの約束もなしに、「ばったり」人に出会うことって、冷静に考えてみると天文学的確率で、ほとんどありえないことなんですけど、でも、誰でも、人生の途上で、一度ならず、そういうことを経験していますよね。とりわけ、ご縁の深い人とは、そういうことが多いと言うか、そういうことが起こるからやっぱりご縁が深いのだと再認識すると言うか……。

とても短い時間に、立て続けに担当編集さん三人に会ったことがあります。お一人と本郷三丁目の中華料理店で会って、あら、こんにちは、といったあと、別の出版社の編集さんと、国分寺駅あたりをぼんやり歩いていた時にばったりお目にかかり、そのあと、またあんまり時間をおかずにこれまた別の編集さんと、文京区の路上でばったりと会いました。そんなに編集さんばかりに、ばったり会っておりますと、これは、おお、もっとものを書け、という啓示であるな、と勝手に理解するわけです。啓示は受け取った人のものですからね。

２０１５年に亡くなった連れ合いと一緒に住み始める前、二度にわたってなんの約束もなしに都内の全く関係ないところでばったり会いました。一度は、水道橋だったかな、飲み屋の前。もう一度は、地下鉄の駅の改札口。どちらも、そんなところにいるとも知らなかったのに、一週間に二度そんなことがあると、もう、これは結婚しかない、と観念します。逆に、これ、ずいぶん昔の話で、別の人のことですけど、気まずい離れ方をして、向こうは私に会いたくないけど会わなければいけない、とおそらく思っているであろう人に、二度も続けて、おおよそ会いそうもない空港のターミナルと、さらにふだん立ち寄ったこともないバス停で、こちらも立て続けにばったり会ったことがあります。先方はうれしくもなかっただろうけれど、ともあれ、会わないより会えてよかった、と双方、思った。こういうことが起こる人は、やっぱりある意味「運命の人」だと思ってしまいます。

どの場合も、タイミングがずれていたら、絶対に会いません。ちょっと歩く速度が遅かったら、とか、あそこで寄り道していたら、とか、したらばったり会っていない。こういうことがおこると、行動や意思は自分で選んでいるようでも、ほんとうはそうでもなくて、時空を超えてはりめぐらされているご縁の糸があって、その中で生かされているようなものなんだな、と思えたりします。ある種の〝啐啄同時《そったくどうじ》〟のようにも思える。

啐啄同時は禅由来のことばのようで、「啐」は卵の中のひなが孵化するときに内側から鳴くことだそうで、「啄」は親鳥が外から卵の殻をつつくことだそうですね。師と弟子の呼吸があう、とか、文字通り親子の息があうときなどに使われているようですが、「ばったり」会う、ということも、なんらかの双方からの目に見えない働きかけがあって、ある瞬間に、そこに顕現するようなものではないか、とも思えます。

前便で内田先生がおっしゃっていた「親の側が自分の感情生活形成の行程を回顧的に分析してみる」ことが必要なのは、「啄」、ができる必要があるからではないでしょうか。つまりは外側から、あ、いま、内側から鳴こうとしているな、ということを感知して、外からとんとんと同時につつく、ということができるようになるためには、言語によらない、すごく深いレベルでの共感能力というものが必要とされるから、そういう自分になっていなければならないから、ということ。いま、目には見えないけれども、そこで自分を必要としているものがいままさに、形を表そうとしていることを感じ取るためには、それを感じられる自分でいる必要がある。共感能力を高める、ということは、自分自身をよく知り、客観的に見ることができる、という作業に他なりません。ずっと前に内田先生、「共感能力を高めるためのシナプスを活性化させると、相手のことがよくわかるようになる、というのではなくて、自分を高いところからみているように、自分のことがよく見えるようになることだ」ということをどこかにお書きになっていましたね。池谷裕二先生とのお話だったかな、今見つけることができないんですけれども。

それぞれの〝感情生活形成の行程〟って、本当に本人にしかわかりません。それぞれに違うから、みんなこうしたらいい、みたいなことには決してならないんだけれど、でも、やはり子ども、という人に向き合う時には、親は、なんとかして、不十分ながらもその時点までの自分の感情生活を回顧的に分析して、総括して、自分を高みから観察する必要がある。それをやらないと、殻の中からあげようとしている鳴き声、「啐」がきけないんじゃないか、と思います。子どもが出しているサイン、声になっていない感情、言葉になり始めた感情、それらが自分の目の前でおこっているときに、それに反応できる自分に、どれほどなれるのか、は、どれほどそこまでの自分を観察できているか、にかかっているんだ、と思うんですね。

「子どもに性教育ってどうしたらいいんですか」とか、聞かれることがあります。私自身は、家庭で性と政治の話はしないほうがいいと思っているので、そういうことを家庭でオープンに話すことについてあまり積極的になれません。そういうことはナナメの関係の誰かから学んで欲しくて、家庭でそういうこと話すの難しいよなあ、と思ってしまうのです。だから自分から何か言い始めることは難しいよね、っていうんです。自分から話すことは難しいですね、でも、もしも子ども側からそういう質問を受けた時は、全人生かけて答えるしかないですよね、って言っています。

「子どもがなにか聞いてきた時、そしてそれっておそらく、人生に一度か二度しかないと思うんですが、そのときに、全人生をかけて答えてください」みたいな答え方をしているんですよね。たとえば「赤ちゃんってどうしたらできるの」って子どもに聞かれた時には、間髪を入れず、自分の全人生をかけて、何か答えないといけない、ということです。そこで何を話せるか、に、万人向けの正解というものはなくて、その子どものその時の状態にもっともふさわしいことを、親が話すしかなくて、その内容は、親自身の感情生活の行程の分析なしには、決まっていかない。

そのことはもちろん「性教育」的なことにかぎらず、ほんとうは、すべての本質的な子どもの言葉による問いかけ、ことばにならないサイン、などに対して、おっしゃるような「追試不能」の一発勝負として、その場に立ち現れてくるものにほかなりません。

「感情生活の行程の分析」、なんだか余計わかりにくいはなしにしてしまったかもしれません。すみません。話題を前便の最初に戻します。

前便最初にお書きくださったような「冒険的な生き方」、ほんとうにそういうことをしているのでしょうかね、私は……。引用しておられるレヴィ＝ストロース先生の『悲しき熱帯』の冒頭の、「私は旅と冒険家が嫌いだ」のつぎには、〝ブラジルになぜ行ったか、行っておこったさまざまなことをここに書くことに価値が一体あるというのか、だから書きはじめるのに15年もかかっちゃったよ、冒険は、単に仕事に付随したものだよ……〟、みたいな話に展開していくのですよね。

レヴィ＝ストロース先生と自分を並べるような恐れ多いことは決してしてはいけないのですが、いや、ほんと、冒険って、結果として、付随してくるものにすぎない、と私も思います。冒険を、やろうと思ってやる冒険家の方ももちろんおられますけど、それはごく少数で。ほとんどの場合、フィールドワークという名の仕事に、あるいはいやおうなしの生活に付随して、結果として、あれって、人から見たら冒険だったよな、みたいになるんじゃないですかね。

数年前に、京都大学の類人猿の研究班にご一緒させてもらって、コンゴDRCに行ったことがありました。ヒトの性と生殖の研究をしていたので、類人猿ボノボの性行動についての研究者とゆっくり話をしたり、ボノボのいる森に行かせてもらったりしたかったし、当時、大型類人猿の保護とコミュニティ開発のありようについて、現地のNGOが模索していましたから、そのことについても興味があったので、研究班に参加させてもらっていたんですね。で、朝3時に起きて、まだ真っ暗な夜明け前に、トラッカーについて懐中電灯を頼りに真っ暗な森に分け入り、ボノボを探すんです。コンゴDRCの森深く……。さらに広域調査では、小さな集落のはずれにテントをはって泊まるんですが、村の人に、「トイレ、あそこにあるけど、あのトイレ、先週の夜に、ゾウに潰されたんで、作り直したものだから、気をつけてね」って言われたから、あー、気をつけなきゃ、と思いながら真夜中にトイレにいきました……。とか、あれこれを振り返れば、そのとき、やっていたことは〝冒険〟以外のなにものでもないです。客観的に。でも自分では冒険とはちっとも思っていなくて、あれは研究班の仕事だった、と思うんですね。

そんなかんじですから、ましてや、10年暮らしたブラジル、「旅と冒険」とは思っていないですね。まあ、日々の生活ですからね、冒険的なことはちっともないわけですね。そういう日常の中で、息子たち二人は育っていきました。国は違いましたが、日常の生活、つまりはご飯を食べて、学校に行って、みんなでおしゃべりして、眠りについて、というような日常は、少しも冒険ではありませんでした。

息子たち二人は10歳と8歳になる歳まで、日本に暮らしたことがありません。ほとんどをブラジルで、イギリスですこし、暮らしました。私が家庭内で唯一の日本語話者でしたから、それこそ彼らの「日本語という母語習得」についてはいろいろ考えました。彼らの父親はブラジル人だったのでポルトガル語を話す。私は彼らには日本語で話しかける。家族の言語はポルトガル語ですが、子どもたちは私に向かって話すときは、家族で話している時でも必ず日本語で話すようになりました。日本語の絵本と日本昔話はたくさん読みましたし、実家の父が当時の「まんが日本昔ばなし」を毎月ビデオに録画して送ってきてくれていて、息子たちはいつもみていました。「ママ、きれいな女の人はみんな悪い人か、化けものだね」と長男がいいました。おお。それは、真実かもしれない。その後ジェシカ・アルバとスカーレット・ヨハンソンが好き、とかいうような青年になりましたが、二人とも悪い人じゃないんじゃないかと思うけど……。

日本語は私と話しているけれども、小学校の2年生と4年生までブラジルの現地校でポルトガル語で勉強していましたから、突然日本に帰ってきて（彼らにとっては〝帰る〟でもありません。暮らしたことないんですから。帰国子女じゃなくて、入国子女、です）板橋区立小学校に入ったので、学校についていくのは大変だっただろうと思います。彼らの日本語能力には、決定的に欠けるところがあると思ったので、何かやらなければならない、と思って、毎朝ちょっと早く起きて、漢文や古文の素読をやりました。

〝故人西のかた　黄鶴楼を辞し　煙花三月揚州に下る……〟とか、毎朝やっていました。意味なんか説明してません。覚えるだけ。週に一つ選んで金曜日までには暗唱するようにします。子どもって柔軟ですね。どんどん覚えていきました。〝鞦韆《しゅうせん》院落《いんらく》夜《よる》沈沈《ちんちん》〟、とかも、男の子だからきゃあきゃあ、言って喜んでましたけど。雨ニモマケズ、平家物語も竹取物語も「海潮音」も。

　子どもを育てるうえで、これはやってよかったな、って思い出せるものは少ないのですが、これは、結構、やってよかった、その後役にもたったし、と、息子に言われました。実は、15年の海外生活を終えて日本の暮らしに着地しようとしていた私自身にも、素読はとてもよかった。日本語のリズムが体に戻ってきました。年年歳歳花相似たり、歳歳年年人同じからず。

　今日はこの辺りにいたします。どうか引き続きご自愛くださいませ。

2021年6月21日　三砂ちづる　拝

第3便 B

感情のカタログを増やす

内田樹より

三砂先生

こんにちは。内田樹です。
お手紙、ありがとうございます。

先日は隣町珈琲でばったりお会いできました。たしかにお会いするのって、ずいぶん久しぶりなんですよね。隣町珈琲の2年前の新年会でお会いして以来じゃないでしょうか。あの時は、鶴澤寛也さんと山村若静紀さんと三砂先生と、着物の女性がずらりと並んで壮観だったという記憶があります。寛也さんの三味線で、若静紀さんが1メートル四方くらいの空間でみごとに舞ったのを覚えています。玉川奈々福さんも安田登さんもおいででしたよね。

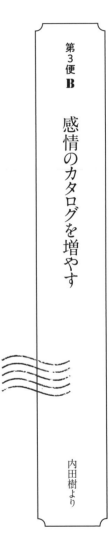

隣町珈琲に行くと、いつの間にか僕の友だちが平川君の友人ネットワークに入り込んでいることに気づいてびっくりします。今名前を挙げた方たちはどなたも最初にまず僕が知り合った方たちだし、大瀧詠一師匠も小田嶋隆さんも釈徹宗先生も白井聡さんも名越康文先生も……、みんな僕の方が最初に知り合ったのに、気がつくと平川文化圏に鎮座ましましている。僕たちの交遊関係はなんだか「コモンズ」として共有されているみたいですね。

それというのも、僕たちは基本的には「たいせつなものは共有」することにしているからなんです。はじめて会った11歳くらいから、ずっとそうでした。平川君が読んだ本の話をしてくれたら、それは僕が読んだような気になる。平川君が会った人の話を聴くと、僕も会ったことがあるような気になる。平川君の「……はいいよ／……はダメだ」という判断は、とりあえずまるごと受け入れる。

そうなってしまうのも、しかたがないんです。11歳からずっとそうなんですから。60年もそうやって暮らしてきたわけですから、今さら周りから「それ、変ですよ」と指摘されても変えようがありません。

とにかく、だいたいどんなトピックについても、「平川は僕と同意見だろう」と本人に確認する前から思い込んでいるわけです。だから、僕たちは「孤立」ということとは基本無縁なんです。

エッセイを読んでいると、ときどき「……というようなことを思っているのは私一人だけだろうか」という修辞的な結語に出会いますけれど、僕たちの場合は「というようなことを思っているのは私たち二人だけだろうか」というのが基本なんです。

とりあえず僕の他にもう一人同じようなことを考えている人がいる。それだと、ほんとうに生きてゆくのが気楽ですよ。もちろん細かく詰めてゆけば、あちこちで意見の違いはあります。でも、その違いを言い立てることよりも、自分の中からは湧き出してくることのないアイディアが、平川君においてどうして生まれてきたのか、それを探求する方が面白かった。

僕たちの関係って「共感ベース」じゃないんです。二人とも気質がまったく違うし、育った環境も違うし、それぞれの「家風」も違うし、音楽や映画や文学についても好みがまるで違いますから。だから、二人で手を取り合って「そうそうそうそう」とはげしく頷き合って、ハイタッチする……というようなことは実はほとんどないんです。小さい時から一度もなかったんじゃないかな。

そうではなくて、僕たちの合意の仕方というのは「平川がそういうんだから、たぶんそうなんだろう」というタイプのものです。しみじみと「そうだ、その通りだ」と身体を震わせて共感しているわけじゃなくて、「平川がそういうくらいなんだから、そのような感懐なり判断に至るには、それなりの必然性があるに違いない（ようわからんが）」というふうに割とクールに受け止めている。

「彼がそう思うに至ったことにはおそらく必然性があるのであろう」ということをとりあえず受け入れる。これはいわば自分の個人的な判断をいったん「かっこに入れる」ということです。フッサール現象学にいうところの「エポケー（判断停止）」です。自分の意見はとりあえず「棚上げ」にしておいて、平川君の意見を「正しい」と仮定する。その上で果たしてどういう理路をたどればそれが「正しく」思えてくるのかを考える。そういう思考訓練を僕たちはたぶん11歳の頃からずっとしてきたんだと思います。そして、そのことは僕のものの考え方にずいぶん影響を及ぼしたような気がします。

僕の大学院時代の研究対象はユダヤ教哲学と反ユダヤ主義でしたが、どちらも「まったく共感できない」ものでした。何しろ文化的なバックグラウンドにおいて共通点が一つもないんですから。でも、研究するに際してそれほど苦労した覚えがありません。

例えば、19世紀末頃の反ユダヤ主義者の書き飛ばした、知恵の足りない政治パンフなんかを読んでいるときも、頭ごなしに「何をくだらぬことを」と嘆じるということはなくて、「果たしてどのような心理過程をたどれば人はかかる倒錯的な世界観に親和するに至るのか」というふうに考えることができた。その作業に特段の努力も要らなかった。そうやって彼らの内面に身を添わせていると、ふとその人の孤独とか虚無感とか焦りとかが生々しく感じられることがありました。なるほど、そうだったのか。そういう気分だったのか。まあ、そこまで追い詰められていたら、そんなふうな妄想に取り憑かれることも、あるかも知れないなあ……、というふうに。

神戸女学院大学に採用された時に、面接時に僕の反ユダヤ主義研究をとても高く評価してくださったアメリカ史の先生がいました。『政治的に正しくない思想家』の行う推論を中立的に記述しているところが、「よい」という不思議な評価をしてくださいました。

この先生はアメリカの奴隷制の研究家だったのですが、もしかすると南部の奴隷制支持論者の書いたものを山のように読んでいるうちに、彼らがそのように信じるに至った理路を理解するためには、いったん自分の判断を「棚上げ」する必要があるということを経験されたのかも知れません。

僕の学者としてのスタンスはですから「共感ベース」ではありません。僕が大学院で学んだ一番生産的な知見は、「まったく共感できない相手についても、推論の道筋はある程度まではフォローできる」ということ、そしてその道筋を見失わないためには「オレの意見」が介入してくることを自制しなければならないということでした。

この知見はずいぶん汎用性の高いものだと思います。僕が長じて「物書き」になって、たぶん僕とはぜんぜん意見も感覚も違う人たちを読者として迎え入れることができたのも、この態度がかなり与っていたのではないかと思います。それができたのも、平川君相手に、子どもの頃から「自分の判断をかっこに入れる」訓練をずっとしてきたせいかも知れません。小学生の時のクラスに誰がいたのか、ということで人間の運命が激変することって、あるんですよね。

わ、長くなってしまいました。ごめんなさい。

感情教育の話の続きをちょっと書きますね。感情教育は終わりがないと思います。僕はもう古希を迎えましたけれど、それでもまだ感情の「ひだ」が、日々の生活を通じて、少しずつ数を増したり、深くなったりするのを感じます。諦めとこだわりの「中ほど」とか、悲しみと解放感の「中ほど」とか、そういう何とも名前のつけようのない感情がちょっとずつ「感情のカタログ」に書き加えられてゆく。

「死ぬ」ということについての感情的な反応も少しずつ変わっています。いまは「そろそろお迎えが来るな」というので「やるべきことを済ませておかないと」と焦る気分と、「いろいろ執着がなくなって楽になるなあ」という楽しみな気分と、「でも、死ぬ前に苦しむのは絶対やだ」という苦痛の予感とか、そういうものがいろいろ混ざっていますし、その比率も日ごとに変わります。

「死に向かう感情」というような文字列を若い頃には平気で読んだり書いたりしていたわけですけれど、実はぜんぜんわかっていなかったということがわかってきました。

ある程度の年齢に達したり、ある状況に置かれないと、理解できない感情、そもそもそんなものがあることを知らなかった感情というものがありますね。このあと、だんだん身体があちこち傷んできたり、頭の働きが悪くなってきて、これまでできていたことができなくなったり、これまで言えたことが言えなくなったりすると、それはそれでまた独特な感懐が生じて来るんだろうと思います。そういうものもすべて「感情が豊かになる」過程であると考えることにしています。

でも、不思議なもので、そういう自分の「感情のカタログ」を増やしているわけですけれども、それを誰かと共有したいとか、共感して欲しいとかは思わないんです。「オレのこの感情をわかってくれ」とは特に思わない。でも、それを記述することにはとても興味があるのです。自分の中にあって、うまく分節できない星雲状態の感情を記号的に表象する作業はすごく面白い。でも、それは理解や共感を求めてしているのではないようです。

子どもの頃に、「プロ野球ゲーム」を自作して、一人でいくつかの球団の試合をサイコロで再演して、こつこつとスコアブックをつけるということをしていたことがあります。サイコロ試合ですから、もちろん現実のリーグ戦とは順位が違い、現実の打率や防御率とは違う数値が出て来るのですが、それを克明にノートにとっていました。そのノートは誰にも見せませんでした。というか、誰ひとり見たがらなかった。僕の脳内妄想野球なんか、誰にとっても面白くないですからね。

僕の「感情カタログ」も、その脳内野球に類するものではないかと思います。僕にとっては時を忘れるほどに面白い作業なんですけれど、誰かに理解してもらうためにしているわけではない。

性教育って、僕は娘にはしたことがありません。たぶん別れた妻のところに行って、彼女から教わったのだろうと思います。家族の間では宗教とセックスのことはあまり話題にしない方がいいと僕も思います。それがタブーだということではなく、三砂先生もお書きになっている通り、それを子どもにうまく伝えることができるような言葉を持っていないからです。宗教もセックスも、できあいの言葉で簡単に言い切ってよいことではありません。「超越者とは何か?」とか「欲望とは何か?」というような根源的な問いにできあいの答えはありません。何を言っても、きわめて不完全な表現にしかならず、たぶんその不完全性ゆえに、聴いた人はそれを誤解する。黒と白と灰色しか色相を区別できない人に、オレンジとか空色を説明するようなものですから。

だから、さいわい、娘にそんなことを訊かれなくてほんとうに助かりました。世の中には「うまく言葉にできないことがある」「あまり簡単に言葉にしてはいけないことがある」

という事実を、そういう親の「腰が引けた態度」から娘が学んでくれたのであれば、それが性について、親が子どもに伝えることのできるたいせつなメッセージの一つではないかと思います。

三砂先生のご子息たちへの国語教育、すばらしいですね。こんなやり方を思いついた人を僕は知りません。でも、すごくよいと思います。コロキアルな日本語を母親と交わしたことしかない彼らでも、その経験を入り口に「日本語のアーカイブ」にはアクセスできます。それは彼らにとって「あまりたくさんの語彙を持たない母語」なんだと思います。それでも母語であることに変わりはない。母語では、「はじめて聞いたんだけれど、なんとなく意味がわかってしまう」ということが経験できます。これは外国語ではたぶん無理です。

僕は小学生低学年の頃、大人たちの話を横で聴いているだけで、大量の語彙を獲得したことがあります。まだ辞書というものを引くことを知らない年齢だったのに、聴いていると意味がわかるんです。現代文だけでなく、古語でも漢語でも、それが日本語のアーカイブから取り出して使われている限り、なんとなく意味がわかりました。

そんなことができたのは、わずか10年弱くらいの母語経験だけで、僕の中のどこかに「母語のアーカイブへアクセスする回路」が開いたからだと思います。

そこにはこれまで日本列島に暮らしていた人たちがかつて口にしたり、書いたりしたすべての語、すべての文、すべての音韻が堆積している。そのほとんどは現代ではもう使われないものですけれども、現代語がその堆積から生まれ出てきたものである以上、「根っこはつながっている」。

前に、池澤夏樹さんの個人編集『日本文学全集』で、『徒然草』の現代語訳をしたことがありました。どうして池澤さんが『徒然草』に僕を指名したのか、よくわかりませんでしたけれど、きっと何か思うところがあっての人選だろうと思って、快諾して、2年ほどかけて訳しました。

『徒然草』なんて高校生の頃に古文の教科書で部分を読んだのが最後で、50年近く見たこともなかった。ところが、古語辞典片手に訳し始めたら、これがすらすら訳せるんです。意味がわかる。かなり微妙なニュアンスまでわかる。へえ、母語だとこういうことができるのか……とちょっと感動しました。

その後、「『徒然草』を訳して」という演題で講演した時に、フロアから「『徒然草』の専門家で、その研究で学位を取りました」という人が手を挙げたので、慌てたことがありました。でも、その人が「たいへんよい訳でした」と言ってくださったので、さらにびっくりしました。その理由が「係り結びの訳が適切」だということでした。

僕は「係り結び」という文法的な約束事があるのは知っていましたけれど（「ぞなむやかこそ」

ですよね)、そこに何種類か訳し分けしないといけないほどにニュアンスの差があることは知りませんでした。僕はそれと気がつかぬままに、そのニュアンスを訳し分けていたらしい。なるほど、母語とはこういうものなんだと思い知りました。

三砂先生のお子さんたちは複数の言語について「母語的入り口」を持っているんだと思います。だから、たぶんそれらの言語については「はじめて聴いたけれど、なんとなく意味がわかる」ということがよくあるんだろうと思います。

それから三砂先生ご自身が漢文的なものが好きだというのは意外でした。そう聞いてうれしくなりました。僕も大好きなんです。

80年代の脱構築とかポストモダンとかいって浮かれていた時代の空気が僕は嫌いで、世間に背を向けて、反時代的なものばかり読んでいました。とくに好きだったのが、吉川幸次郎、白川静、石川淳、森銑三といった同時代の「漢語使い」たちの文章でした。現代語と漢籍の教養が入り混じった独特の乾いた論理性に、べたついた温帯モンスーンの知的風土を吹き抜ける一陣の涼風のようなものを感じました。あれが、僕にとって文章の一種の理想なんです。ぜんぜん実現できていませんけれどね。

さて、今回はこれくらいにしておきます。なかなか本題に入らないでいるのか、いま話していることが問題の核心に触れているのか、それは「これから」の持ってゆきかたですね。武道では「残心」ということをたいせつにします。技が終わったあとに、それまでの動きをすべて「調える」ことです。文章の最後に句点を打つみたいなものです。それによって、「なるほど、ここまでの逸脱と見えたものは実はすべてここに至る伏線だったのか……」と得心するということがあります。そういうふうになるといいですね！

2021年6月23日　内田樹　拝

第4便

la quatrième lettre

親を許すこと、親から許されること

第4便 A

ぼんやりすることで得られる力

三砂ちづるより

内田先生

こんにちは。お便りありがとうございます。

そうでしたね、先日、平川克美さんの隣町珈琲でばったりお会いする前に、内田先生にお目にかかったのは、2年前、これまた隣町珈琲の2019年の新年会でしたね。あの頃の隣町珈琲はとっても狭くて、とっても狭いとわかっているのに、平川さんとその周りの人に会いたくて、ひしめき合いながら、お正月を寿いで、山村若静紀さんの踊りがみたくて、それでなくても狭いのに、みんな、いっそう身を寄せ合って、1メートル四方の空間をなんとか作り、若静紀さんが踊られたのでした。密集して、密接して、がやがやとみんなでおしゃべりして、お酒を飲んで、あんなふうに人に会うことができたこともあったんだ、というふうに思いおこす日が、こんなに早く来るとは思っていませんでした。

思えば内田先生と平川さんと三人でお話ししたのは、今回が初めてでした。一対一ではお話しする機会も対談する機会もありましたが、おふたりがおしゃべりなさっているのをわたしがひとりでみている、という機会はあのように偶然にしか訪れませんね。自慢の兄たちを、いいなあ、すてきだなあ、と思って話をきいている状況をいただいて、勝手に「妹」ポジションを自分のものとしてしまったわたしは、大変幸せにおふたりをながめました。妹の役割はもちろん、「妹の力」を日々、精励して養い、兄たちの安寧を願い、無事を祈ることです。

映画の話、韓流ドラマの話をしておられたときに「平川くん、映画みたあと、批判とかしないよね、わるくいわないよね、かならず、なにかいいことというよね」っておっしゃっていましたね。平川さんは、おもしろくないものは最後までみないんだよ、最後までみるものはなにかいいところがあるんだから、みたいなことを答えておられました。

おお。

最後までみるものには、なにかよきところがある。みるべきところのないものはスルー。そして目の前にあるものは大切にする。特別な人です。平川文化圏のここちよさをもとめて、ああやって新年会に密集していたのだと思います。なにをやってもほめてもらえる。わるくいわない。平川さんはいつも自分の気がついていないいいことをみつけてくれるし、ほめてくれる。それは内田先生も同じです。ちがうところをあげつらうのではなく、そうか、この人はこんなふうにいうのか、と理解してくださる。

それって大事ですよね。学生は、批判的態度を身につけて、批判的な読み方をせよ、と教えられると思うんですけど、教師としては、ものごとを批判する前に、まず自分が好きな書き手をみつけなさい、っていうんです。この人の書いているものが、理由はまだうまく言えないけれど、好きだ、気に入っている。ならば、その人の書いたものを全部読みなさい、そして自分の思っていることを他人が上手にあらわしてくれている、と思えるものをみつけなさい。そうして自分の思いが言葉になることを経験し、自分の思考の軸を作っていき、言語化していく。そういうプロセスを経て、その上で初めて、なにかを批判する、ということができると思うんですね。

しかも、批判するのではなく、まずどうしてそう考えることになったのかな、というアプローチ、まさに内田先生がなさっているようなことをしていく。「彼がそう思うに至ったことにはおそらく必然性があるのであろう」。そういうふうに考えていく基礎が、幼い頃からの平川さんとの人間関係でつくられていった、とはなんとすばらしいことでしょう。それは双方向の関係で、お互いを大切にする中でつくられていったものですね。

親子関係も、また。

「親がそう思い至ったことには、あるいは、親がそうするに至ったことには、おそらく必然性があったのであろう」」、子どもの側がこの認識を持てるようになることが、子どもが大人になる、ということなのだろう、と思います。多くの場合は、自分自身が親になったときになんとなく気づきはじめるのかとおもいます。聡明な人は、もっと早くにわかるのでしょうけれども。

マイケル・ジャクソンは、同い年の1958年生まれで、誕生日も近いので、勝手に同じ時代を生きてきたという思いを抱いていました。マルティン・ルーサー・キングが有名な"I have a dream"の演説をしたのは1963年、アメリカで法の上での人種差別が終わりを告げることになった公民権法が制定されたのが1964年。そういう時代が彼の幼少時で、ジャクソン5の"I want you back"で全米チャート1位になったのは1970年。MTVネットワークに初めて登場した黒人歌手となったのが1980年代。50歳の角を曲がれずに、マイケルが逝ってしまってもう10年以上経ちます。彼が、「子どもと親」について、オクスフォード大学でスピーチをした文章や音声が残っています。2001年3月のことだから彼は42歳です。彼は、「無償の愛とは、子どもから親に捧げるものだ」、と話しているんですね。

マイケルは、自分が親になって、自分の子どもたちのことを考えている時、この子どもたちが大きくなったら、自分のことをどんなふうに思うんだろう、と考え始める。自分がこういう仕事をしていたから、いつもパパラッチに追いかけられたりしてしまっていて、公園に行ったり、映画に行ったり、普通の子どもたちができることができなかったから、大きくなってからわたしを恨んだりするかな、でもどうか自分のことを許してほしい、お父さんはちょっと難しい環境にいたけど、まあ僕たちにたくさんの愛をくれてあたたかい人だったよな、と思いかえしてくれるといいんだけどなあ、と言います。

そうやって、自分の子どもたちに、自分の至らなかったことをなんとか許してほしい、と思うにつけて、考えるのは、自分の父親のことだった、というんですね。マイケルの父は、息子たちがジャクソン5として活躍するために、虐待に近い厳しさで子どもたちを育てたというし、実際にマイケルは父に虐待されていた、と言っていたこともあった。マイケルの父は、アメリカ南部の貧しい黒人家庭に生まれ育ち、30年代の大不況期に思春期を過ごすのですから、誇りを奪われ、希望をないがしろにされていく世界で男として成熟していくことをもとめられた。そんな彼が、自らの感情を表に出すことを困難だ、ということに何の不思議があるだろうか、感情に壁を張り巡らせなければならないような環境で育って、自らの心をどんどん閉ざしていったことは仕方のないことだった、とマイケルは思うようになる。差別され厳しい環境で育っていくことは、感情に壁を作り、感情を表せなくなり、自らへの感情教育も困難になる。マイケルは、父の感情についてそんなふうに考えている。

そしてスピーチの最後に、親との間にどんなことがあったとしても、どうか親を許してほしい、親を許して、親に、今一度、愛する、とはどういうことか教えてあげてほしい、親にひどい目に遭わされたと思っている人も、親に手をさしのべてほしい、と語りかけます。あなたたちにお願いすると同時に、わたし自身にも願う、わたしたちの親に、無償の愛、をとどけられるように、と。子どもに無償の愛をとどけられてこそ、親はどうやって人を愛したらいいのか学び直せるのだ、と。

初めて読んだとき、ううむ、とうなってしまいました。子どもが親を許す。子どもが自らの親に愛情を注ぐ。わたしたちすべては、誰かの子どもです。誰かの親ではない人もいるかもしれないけれど、全ての人は誰かの子ども、そしてわたしたちにできるのは、自分の親を許すこと。自らが親となって、自分の子どもをどうやって育てるのか、ということにむきあうとき、自分ができるのは、子どもにどうするのか、というより、自分の親を許し、自分の親を愛することだ、というのは、親になる自らの感情教育の大変重要な部分を形作るような気がします。親になるわたしたちは、不可避的に間違う。子どもには、許してもらうしかないのだと……。

ちょっと、考えるにはしんどいことになってきました。

いまいちど、平川さんの話題に戻ります。内田先生に最初にお会いしたのは２００３年のことですが、平川さんにお目にかかったのは、ずっと後のことでした。書き手としても、内田先生のお友達ということでも、「平川克美」のことは存じ上げていましたが、会う機会もなく、内田先生に直接ご紹介いただく機会も特にないまま、時間が過ぎていました。何年くらい前かなあ、今ほど、日本で話題になる前のエマニュエル・トッドが来日した時に、藤原書店でのトッドを囲む会で平川さんに初めて会いました。お互い、なんで、この人がここにいるの、なんで、トッドなの、と思ったんですが、内田先生からお話を聞いていたのでなんとなく以前から知っているような気がして、すぐ打ち解けることができました、その後、親しくお話しさせていただくようになったのです。ですから、トッド、がきっかけでした。トッドご本人はもちろん知る由もないことです。

トッドについては、昨年、勤め先の大学の講義で、彼の人口論について、話すことになりました。サバティカルをとる同僚の人口学の先生の代わりに、人口論について2ターム分、講義することになり、1ターム目を人口学の概論、2ターム目を人口学の特論として、トッドを取り上げたのです。専門としてきた疫学と、トッドの専門の人口論はコインの裏表みたいなところがある分野です。日本から離れていた間の10年くらいロンドン大学衛生熱帯医学校というところで働いていたのですが、所属していた部局はDepartment of Epidemiology and Population Sciencesと言いました。つまり「疫学人口科学部」です。

集団の健康を扱う公衆衛生という分野の最もパワフルな計測道具である疫学と、人口の数とか分布とか構造や変化を問題として人口現象を分析する人口学は、重なるところも多いのです。とはいえ、人口学は専門ではありませんから、授業しようと思うと、かなりしっかり自分で勉強しないと授業になりません。昨年、全てオンライン講義になったことは大変だったのですが、自分としては、突然オンライン講義に移行したのが大変だったのか、この人口論をはじめとしてたくさん初めてやる講義ばかりを担当したのが大変だったのか、よく分からなかったのですが、それはともかく。

授業をするのですから、彼の書いたものは、今一度読み直しました。彼の理論そのものも、ですが、インタビューなどもたくさん読みました。その中で、彼が自分の子どもの頃、若い頃を振り返って、「時間がたくさんあること」こそが、創造性に何より大切なことだと言っていたことが印象的でした。トッドはフランスで育ちますがイギリス仕込みの人口学者でもあり、とてもユニークで、経済よりも人口動態を軸に歴史を捉え、結果としてソ連崩壊やイギリスのEU離脱、アメリカでのトランプ政権誕生を予言してきたことで世界に知られていきます。人口動態を注視していれば、こんなことがわかるのか、と目を開かれる思いがするのですが、彼のオリジナルな着想、視点は、とにかく、ヒマでやることがなくて、ぼうっとしていたころの生活によっている、というのですね。

人が育つ過程で、ぼんやりする時間がたくさんある、というのは、本当に大切なことです。わたしは学齢期前の子どもと大学生は、とにかくぼんやりする時間がたくさんあって欲しい、と思うんですよね。柳田國男が子どもの遊びを分類していて、軒遊び、というのを定義していました。柳田が自分で作った言葉だ、と言っていますが、親に抱かれている時期と、外で活発に友達と遊び始める時期の間、いわば、家の軒先で親か誰かの目の届くところでぼんやりして一人遊びしている、というような時期の遊び、のことです。吉本隆明はこれを、母親によって育てられている時間と、学童期に始まる優勝劣敗の世界の入り口との間に、弱肉強食になじまないような世界が可能かもしれなくて、軒遊びの世界は、その可能性を暗示しているのだ、というふうに言っていました。意識するしないは別として、そういう中間、つまりは、赤ちゃんである時期と、学童期の中間にあるこのぼんやりした時間を持つことが人間の力の特性にかかわるのではないか、と。

大学生という多くの人にとって二十歳前後の時期も、少し似ていると思います。生徒として守られていた時期と、まさに弱肉強食の社会にさらされる中間としての時間を提供するのが大学生、という時期なのかもしれない。その中間の時期を経験することをゆるされた人は、そこでぼんやりすることによって得た力を、世界のために使えるのかもしれないと。パンデミックの中、人に会う機会が減っている大学生が、ぼんやりする時間がたくさんとれているといいな、とか思ったりするのでした。

平川さんの話題が続きました。くしゃみしておられるかもしれないですね。それではまた。どうかご自愛ください。

２０２１年７月７日　　三砂ちづる拝

第4便 B

生きているなら、それでいい

内田樹より

三砂先生

こんにちは。内田樹です。お手紙ありがとうございます。

結構早くにお手紙をいただきながら、返事が遅れて済みません。

三砂先生への手紙は、書き出したら、数時間で書き上げちゃうだろうということがわかっているので、あまり「締め切り」を気にしないでぼおっとしているので、安藤さんを心配させてしまいます。申し訳ありません。

さきほど、今年4冊目の単著のゲラのリタッチが終わったので、ようやくご返事に取りかかれます。

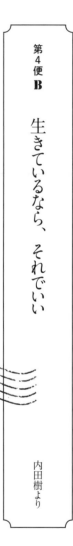

今年だけで単著が4冊って、多すぎますよね。まだ8月ですよ。

この他に共著、対談本がありますから、秋ごろはまたも一時的に「月刊ウチダ」状態になりそうです。

どれも編集者がブログ記事やあちこちの媒体に書いたものを蒐集して、編集してくれた「ありものコンピレーション」なので、手を入れずにそのまま出してもいいんですけれど、ゲラを見ていると、どうしても推敲したくなってしまうんです。どんどん書き足し、どんどん削っているうちに、いつの間にか原形をとどめぬものになっています。

そういう性分なんです。自分の原稿に手を入れる作業がけっこう好きなんです。少しでも読みやすくなると、すごくうれしい。

「読みやすい」というより、「声に出しやすい」という方がいいかも知れません。

僕の場合、自分の文章を推敲するときの基準は「音読に耐えるかどうか」なんです。意味とかメッセージよりも、声に出してすらすら読めるかどうかということが僕にとってはたいせつなんです。どうしてなんでしょうね。

すごくロジカルで、術語も一義的に用いられて、丁寧に書かれているのだけれど、なんだか泥濘《でいねい》に足をとられたようにもたついて、なかなか先へ読み進められないという文章があります。その一方で、へんてこな話が、よくわからないロジックに導かれて、うねうねと書かれているんだけれど、なんとなく読み出したら止まらない文章というものがあります。僕はたぶんそういう文章をめざしているんだと思います。

それって、「面白い文章」というのとはちょっと違うんです。

「面白い」と「止まらない」は違う。かっぱえびせんだってそれほど「美味しい」わけじゃないけど（メーカーさん、すみません）、食べ出すときりがないでしょ。

というのは、たぶん僕が書こうとしていることは非常に「共感されにくいこと」だからだと思うんです。「ああ、わかるよ、その感じ。オレも前からそう思っていたんだ」というリアクションがあまり期待できない。

たしかに、そういう「打てば響く」リアクションをしてくれる人を想定読者にして書くという書き方はあります。内輪にだけ通じる固有名詞やほのめかしによって、読者たちに「これがわかる私たちはselected fewだ」というエリート意識をもたらすような書き方ってありますす。僕もそういう書き方に影響されて、そういう書き方をしていたことがありますから、わかるんです。

でも、今僕がしているのはそれとは違うんです。僕は「打てば響くようにわかる人」に向けて書いているわけじゃない。「何言ってんだよ、こいつは……」と頭上に疑問符を点じながらも読むのを止められないという読者に向けて書いている。

だから、「音読に耐える」ことが必須の条件になるんです。

「すらすら読める」というのは「わかりやすい」とは違います。「意味がわからないけれど、すらすら読める」ということはあるんです。音がシームレスに続き、ある種のリズムがあって、息をつくところが、ちゃんと用意されていると、すらすら読める。

今書いていることだって、かなり意味がわかりにくい話だと思いますけれど、たぶん三砂先生はすらすら読んでくれていると思います。

最初にゼロから文章を起こすときは、自分が何を考えているのかを自分に説明しようとして書いています。だから、話はくどくなる。同じところをぐるぐる回るし、行き止まりにぶつかると、分岐点まで戻る。ブログにはその「ラフ」の状態の文章をだいたいそのまま、推敲しないで上げているので、本にするときには、手を入れないと「すらすら」にならない。

最初に書いているときは自分のアイディアを自分に説明しようとしています。変な言い方ですけれども、そうなんです。

橋本治さんは本を書くことについてこんなふうに書いています。

「分かってて書くんじゃない。分かんないから書く。体が分かることを欲していて、その体がメンドくさがりの頭に命令する――『分かれ』と。」

僕が書くときのスタンスもかなりこれに近いです。体の方は何かを先駆的にわかっている。でも、それを言葉にするのは頭の仕事です。

昔、NHKのテレビ番組で『ジェスチャー』ってあったの覚えてますか？　たぶんこの本の読者で「ああ、あれね」という人はきわめて少ないでしょうけれども、一人のプレイヤーにある単語が教えられます。その人はその語が何であるかをチームメイトに向かってジェスチャーだけで示すんです。チームメイトはその所作から、その人がどういう語を表現しているのかを言い当てる……というゲームを二チーム対抗でやるんです。これが結構難しいんです。「負うた子に教えられ」とか「二兎を追うもの一兎をも得ず」とか、ジェスチャーでどうやって示したらいいか、お暇なときにやってみてください。

閑話休題。体が頭に向かって「分かれ!」というのはこの『ジェスチャー』みたいな感じなんです。体が「こういう感じのことってあるでしょ!」と頭に伝えるんだけれど、わかってるのは「感じ」だけで「言葉」じゃないから、頭はけっこうとんちんかんな回答をする。頭が「え〜と、それはこういうことですか?」というふうに変換候補を出してくるのを、体の方が「あ、惜しい。近い!」とか「ぜんぜん方向違い」とか反応して、そのやりとりの中でだんだん言葉がかたちを整えてくる。

最初に文章をゼロから書き出すときって、そんな感じです。

でも、推敲しているときはそれとは違います。まったく違う。推敲段階では、一応僕の体と頭は合意ができています。実感と言葉が一応はセットになっている。だから、「こういうことがわかった」ということについては、とりあえず自分の中では齟齬《そご》はありません。でも、「自分の中では齟齬がない」ということと「他人に分かってもらえる」というのは別の話です。

今度は体に仮説的に「他人」になってもらう。そして、頭が次々と「わかったこと」をあれこれと言い換えて体に向かって差し出すんです。今度は言葉はもうだいたい出来上がっている。だいじなのは止まらずに読み続けてもらうことだけです。さいわい体は頭と違って、理屈っぽくないですから、シームレスに言葉がつながっていて、話がぽんぽんとリズミカルに進み、音読しても呼吸が楽だと「するする」と言葉を呑み込んでくれる。

つまり、定式的に言うと、ゼロから書き起こすときは、「体」が自分で、「頭」が他人役。ゲラを直しているときは、「頭」が自分で、「体」が他人役。そういう役回りみたいです。


あ、最初からまた逸脱してしまいました。ごめんなさい。でも、まあいいですよね。こういう文章を書くときにも実は二段階あるというバックステージの打ち明け話をしているわけですから。「ぐるぐる」と「するする」。

前回のお手紙で「親を許すこと」という言葉がずしんと胸にしみました。

「親を許す」ことは自分の決断でできますけれど、「子に許される」ことは先方の専管事項ですから、こちらは手が出せない。もじもじと下を向いていることしかできません。だから、「子に許される」関係のことは娘に考えてもらって、僕は「親を許す」というのがどういうことか考えてみたいと思います。

というのは、僕は「親に許された」ことの経験はあるのですけれども、「親を許した」という経験がないのです。

僕は父親とはあまり話さない子でした。世の息子たちはおおかたそうでしょうけれども、父親と親しくて、よくおしゃべりをする息子って、まずいませんよね。

二人兄弟ですから、小さいとき、父の関心はもっぱら兄に向かっていて、僕に対する関心はかなり低かったです。ただし、「関心が向かう」というのは「期待する」ということで、兄はその期待にあまりまじめに応えていないので、実情は「兄はひんぱんに叱られるが、弟は何も言われない」ということでした。次男というのは、わりとそういうものですよね。のちに下村湖人の『次郎物語』を読んで、「次男への父親の無関心」がかなりの程度まで制度的なものだということを知って、「なるほど、そういうものか」と思いました。ですから、父親にあまり期待されないことを僕はとくに不満には思っていませんでした。それより「親の期待」を一身に担わされた兄が気の毒だなと思いました。その経験はもしかするとかなり大きな影響を与えたのかも知れません。「子どもにあまり期待をかけると、子どもはけっこうつらい」というのを兄の横顔を見ながら感じていましたから。

弟の方はもともとあまり期待されていない上に、6歳で大病をして、「生き延びても、心臓に重篤な後遺症が残ります」と医師に宣言されたので、親からすれば「とにかく生きていれば、それでいい」ということになります。

これはものすごく楽でしたね。生きているだけで、親が満足してくれるんですから。僕が長じて娘に対して「生きていてくれさえすれば、それでいい」というずいぶんとゆるい育児方針を取るようになったのは、その体験があるせいだと思います。

父とは差し向かいで話すということがほとんどありませんでした。ですから、たまに二人きりになるとどぎまぎしました。1950年代のふつうの家には電話なんかありませんから、「今日は遅くなるよ」というような日程変更は事実上ありません。サラリーマンは朝家を出る時間も、夕方家に帰る時刻も決まっています。乗る電車も決まっている。だから、夕方になって雨が降ってきたりすると、駅は傘を持って勤め帰りの父親を迎えにくる子どもたちが何人もいました。僕もときどき駅に父を迎えに行きました。すると、いつもの電車の、いつもの車両から父親が降りてきます。改札口で手を振ると、僕に気づいて、にっこり笑ってくれる。父親が大きな傘をさし、僕は小さな傘をさし、並んで家まで帰ります。迎えに行って、父の役に立てるのはたのしいのですけれど、父と二人でいても話すことがない。父も「最近、勉強しているか」とか訊くだけで、「うん」と答えると、話のあとが続かない。でも、僕はその「話題がなくて、手持無沙汰のまま、家に向かって歩いている」というのがけっこう好きでした。

そういうことってあると思うんです。「話すことがない」で無言のままでいるというのは、僕の子どもの頃は家庭の基本だったように思います。家族というのは、別にのべつおしゃべりして、笑っていたわけじゃない。食事のときも、母親がなんとなく世間話をして、それにみんなが気のない返事をするくらいで、ほとんど無言だったと思います。僕はそういう淡泊で、微妙に疎遠な感じが好きでした。

家族というのはあまりべたべたしない方がいい、好き嫌いの熱量が薄い方がいいという僕の今日にいたる家族観はたぶんその時期の内田家で形成されたのだと思います。ほんとうに「家風」というのはいろいろなところに顔を出すものですね。

ですから、僕には今回三砂先生が提示された「親を許す」ということを主題として真剣に考えたことがありません。逆に親には何度か許してもらいました。

僕は親に対してかなりひどいことをしましたけれど、僕が「許せない」と思うようなことを親は僕に一度もしたことがありません。

僕が親にした「ひどいこと」の一つは、高校を中退して、家を出たことです。せっかく進学校に入って、受験生として順調に仕上がっていたはずの息子が、いきなり「自立」すると言い出して、学校辞めて、家出しちゃったんですから、親は驚きますよね。でも、これはまったく親が悪かったわけじゃなくて、１９６７年という時代のせいなんです。

世界中で若者が体制に反抗していた時代ですから、僕も反抗しないと時代に遅れてしまうと思っただけなんです。そういう点ではまことに時代の風儀に忠実な高校生でした。内田家は子どもにあまり干渉しないのんきな家でしたし、通っていた日比谷高校も当時としてはずいぶんと自由な校風の学校でしたけれど、そういうこととは関係ないんです。こういうふうに俗情と結託して気楽に受験勉強すること自体が許しがたいプチブル的退廃だと定義してしまったんですから、どうしようもない。

高校を辞めて、家も出て半年してから、素行不良でアパートを追い出され、無一文になって、がりがりに痩せこけて、家に戻って「また家に置いてください」と懇願しました。そしたら、親たちは黙って受け入れてくれました。さんざんえらそうなことを言って家を飛び出した息子が尾羽打ち枯らして親の前に手をついたときに、「だから言っただろう」というようなことを親たちはひとことも言いませんでした。僕に屈辱感を与える言葉をひとことも口にしなかった。これにはほんとうに感謝しています。そういう言葉があるいは喉元まで出かかったのかも知れませんが、そんなところで息子に要らぬ屈辱感を経験させても、溝が深まるだけで、何の意味もないということを親たちは分かっていたのだと思います。

もう一つの「ひどいこと」は、結婚した後、妻が両親とはげしいいさかいをして、内田家と絶縁すると言い出した時に、僕が妻の側についたことです。そのせいで、生まれてすぐの娘は6歳になるまで、両親と会うことができませんでした。一番かわいらしい頃の孫を見ることも抱くこともできなかったのです。それについては、ほんとうに両親には言い訳ができないくらいひどいことをしたと思っています。数年後に離婚したあとに、僕の方から親に詫びを入れて、関係を修復してもらいました。その時も僕を責めるようなことは親たちは言いませんでした。また黙って受け入れてくれました。

考えると、ずいぶん「ひどいこと」を親に向かってしたものだと思います。でも、二度とも、親たちは黙って僕を許して、受け入れてくれた。あるいは、6歳の時に一度は「死んだ」と思って諦めた息子なので、「生きているなら、それでいい」というオープンマインドでずっと接してくれていたからかも知れません。

ですから、僕には「親に許してもらった」経験はあっても、「親を許す」というようなことが主題になることはなかったのです。

娘は僕の育て方にはずいぶん不満があると思います。とくに離婚したことは彼女にとっては最大の「許しがたいこと」だと思います。これについては娘が「許す」と言ってくれるまで黙って待つしかありません（最後まで許してくれない可能性もあります）。

そう考えると、僕は親にも子どもにも「許しを請う」という双方的に謝るだけというずいぶん情けないポジションにいることになります。つまり、親にも子にも、双方的に「ひどいこと」をしてきたということです。とんでもない男ですね。

僕の育児は「ふつうじゃない」と前に書きましたけれど、こういう家族史的背景もそれには関与しているのかも知れないと思います。そういう人の書く育児論が果たして世の人の参考になるのかどうかわかりませんけれど、「世の中には変な家族もあるものだ」という情報もそれなりに生産的だからということで、読者のお許しを願うことにします。

それから、「暇にすること」の効用というお話をトッドについて書かれていましたけれど、僕もそれには100%賛成です。そういうお前は多動で「暇にしたこと」なんかないじゃないかとすぐにつっこまれると思いますけれど。たしかに、平川君と僕は現在の診断基準なら間違いなく「多動症」の子どもでした。とにかく「暇にして」「ぼおっとしている」ことがまったくできない子どもでしたから（それは大人になってからも変わりません）。

平川君は学生時代に渋谷のライオンで現代詩をノートに書き写したり、いまだと銭湯めぐりをしていることを「閑人のわざ」だと称しているかも知れませんけれど、そんなの信じちゃダメですよ。あの人は僕と同じで根っからの多動症なんですから。あれは「必死になって、寸暇を惜しんで現代詩を書き写し」「必死になって、寸暇を惜しんで銭湯に入っている」です。一見すると生産性がないというだけで、今していることに集中しているという点では「仕事をしている人間」をはるかに凌駕《りょうが》しています。

僕だってそうです。日々こんなふうに「心にうつりゆくよしなしごとを、そこはかとなく」書きつづっているわけですけれど、「そこはかとなく」というのは「無計画に」ということであって、「無計画」であることは「尋常ならざる集中力を以て」ということと矛盾するわけじゃないんです。だから、傍目には「世の役に立たないことをよくあれだけ書くよ。よほどの閑なのかね」と呆れられるかも知れませんけれど、やってることは平川君と変わらない。必死になって、寸暇を惜しんで、驚異的な集中力を発揮して「何の役に立つのかわからないこと」をやっている。

三砂先生が「軒遊び」という言葉で言おうとしていることも、それに近いような気がします。遊びって、それなりに高い集中力を求める活動ですよね。でも、その社会有用性や経済的生産性は考量不能です。ふつうは「ゼロ査定」される。でも、違うんです。何なんだろう、遊びっていうのは、いろいろな外的制約を全部外してもらって、とりわけ「そんなことをして何の役に立つのだ」というタイプの小うるさい干渉をきっぱりと排して、ある一点に集中する、「集中の修業」のことではないかという気がするんです。

限りある生命資源を、ある瞬間、ある一点に集中しないと生き延びることができないというクリティカルな瞬間が生き物には必ず訪れます。「遊び」というのは、すべての生命資源を一点に集中して、他が見えなくなるという機制を自分の中に手作りする基礎訓練じゃないかというような気が僕にはします。

「若い時に遊んだ子は強い」というのは人類の経験則なのだと思いますが、それは「いきなりスイッチが入って、高度の集中状態に入ることができる」かどうかが生死にかかわるということを意味しているのではないかと思います。

おお、また長くなってしまいました。今日はここまでにしておきます。COVID-19の感染爆発はなんだかひどいことになっておりますけれど、どうぞご自愛ください。

2021年8月7日　内田樹 拝

第5便

la cinquième lettre

家族をむすびつけるもの

第5便 A

一度は死んだもの、と思って育てる

三砂ちづるより

内田先生

こんにちは。お便りありがとうございます。三砂ちづるです。

NHKのテレビ番組、『ジェスチャー』覚えていますよ。女性チームのキャプテン、水の江滝子さん、男性チームのキャプテン、柳家金語楼さん、でしたよね。説明してくださっているように、一人のプレイヤーに視聴者から寄せられたある言葉、というかフレーズが教えられ、そのプレイヤーはジェスチャーを使って、チームメイトに説明して、チームメイトがそのフレーズをいいあてたら、そちらのチームのポイント、っていうもので男女のチームで競うんでしたよね。是非、一度、やってみてください、とお手紙で例にあげてくださっている「負うた子に教えられ」とか「二兎を追うもの一兎をも得ず」とか、いうような、まともなことわざっぽいものではなかったよな、確か……と思って、公開されているNH

Kのアーカイブをみてみると、「外人観光客に親切にしたらプロポーズされ、あわてて断っているバスガイド」とか、「ダンナさんをノシたらノシイカになってしまったのであわてて水をかけてふくらませているイカの奥さん」とか、なんだかめちゃくちゃな問題が出てきます。でも、番組は、まさにそんな感じだった、と思い出しました。「テレビ放送が始まった1953年（昭和28年）にスタート。以来、1968年（昭和43年）まで15年にわたり放送された」のだそうですから、おそらく、昭和33年生まれの私は、この番組を話題に出して、あ、それそれ、覚えてる、と言える、最後の世代ではないかと思います。

この「ジェスチャーみたいな感じ」で、体がわかっていることを頭に伝えて、体がわかっていることを言葉にしていく、という感じで文章を書き出す、ということ、よくわかります。ゼロから書き始めるときは「大体こういうことを書こう」みたいなことは、わかっているけれど、着地点は見えていません。どんな短い文章でも、かなり長い文章でも、最後どんなふうに着地するのか、書き始めた時点ではわからない、というか、「頭」は理解していない。着地点わからずに書いていて、でも書きたいことはなんとなくわかっていて、書きながらああ、そうか、そういうことだったのか、と思いながら書き進めている。

なんというんでしょうか、書いている私とは違う私が上から眺めているみたいな感じで、その上から眺めている私に、これ、わかる？　ん？　わからない？　え？　こっち？　あ、そうか、こういうこともあるよね、みたいに、その「上からの私」が納得してくれるようなことを、言葉を選んで書き進めている、というか……。いやいや、今の、話、飛んでない？　とかそれはちょっとわかりにくいでしょう、とかいう「上からの私」に納得していただけるように、書いています。書き始めると、考えてもいなかったことが出てきたり、思い出したり、話が違う方向に行っちゃったりするのですが、最後はどこかに着地するのが、興味深いです。人ごとみたいですが、そんな感じです。大体の「枠」を決める、「枠」をいただく、ことはとても重要なことで、「大体何文字で書く」と決めて、そこに向けて「上からの私」がOK出すまで着地点に向けて書いていく、というか、そんなふうに書いています。内田先生のお話は、この「上からの私」が「頭」なんだなと思いました。

ゲラになって読み返すときは、書いた時のことをほとんど忘れているので、まっさらの自分が他人の文章を読んでいるような感じになります。学生の卒論の指導とかで、彼女の書いた文章を、よりわかりやすくするには、こうしたらいいんじゃないの、と赤を入れる作業と似ています。これは、こういうことを言いたいんだよね、というのは、よくわかっているわけだから、もうちょっとここをなおすと「するする読める」、になるな、と思うところまで手を入れていく。「音読に耐えるか」「声を出して読めるか」ということだ、とおっしゃること、よくわかります。「ぐるぐる」と「するする」ですね。本当に多作で感心してしまう内田先生のバックステージストーリー、とっても励みになります。

さて、「親を許す」ことについて。「親に許された」ことの経験はあるけれども、「親を許した」という経験がない、とのこと。

この往復書簡にいただいたお題は、「男の子の育て方」でありました。こういう時代にどうやって男の子は育つのが良いのか、またどうやって男の子を育てるのがいいのか、ということについて考えていく、ひいては、女の子の育ち方についても、何か役に立つところがあるのかもしれない、などということを、離婚して女の子を育てられた内田先生と、離婚して男の子を育てた私で、やってみる、ということであります。

離婚……という時点で、子どもたちには許してほしい、と願うしかない、という状況を作ってしまっています。離婚するカップルには離婚するカップルの数だけ、離婚する事情というものがあるわけですが、そのような事情は全て親の事情であり、親の勝手であり、子どもたちにとっては自分にとってお父さんお母さんと呼んできた人を中心にあったはずの家族が、いったんリセットされて、どちらかの親との暮らしをなくすわけですから、どう考えてもアンフェアであり、どう考えても、申し訳ない状況でしかありえません。

息子たちの父親はブラジル人でした。子どもたちが生まれて上の子が10歳、下の子が8歳になるまで、少しだけイギリス、ほとんどをブラジルで暮らしてきました。父親とはポルトガル語を話し、私とは日本語を話し、家族の言葉はポルトガル語。学校も現地校でポルトガル語。ブラジル人家族としてブラジル文化の中でポルトガル語を話しながら、子どもたちは育っていて、日本語や日本文化、というのは、あくまで、母の言語、母の文化、でしかありません。子どもたちが幼かった頃からすでにポケモンとかデジモンとか聖闘士星矢とかが世界中の子どもたちに愛されていましたから、そういったコンテンツを日本語で早めに豊富にゲットできることにはちょっとしたうれしさはあったかもしれませんけれど、その程度のことです。生まれてからずっと日本語でしか話しかけませんでしたから、彼らはバイリンガルとして育ち、「母語」が母の言葉であるとすると日本語ですが、なんと言ってもブラジルに住んでブラジルの親がいて、ブラジルの学校に通っているのですから、彼らの第一言語はポルトガル語で、ブラジルの大家族に囲まれて、ブラジル文化の中で育っていたのです。

離婚して私が子どもたちを連れて日本に帰る（彼らにとっては、住んだことないのに「帰る」ところでもない。「行く」）ということは、彼らには想像もつかないおおごとを押し付けることになるのは、わかっていました。離婚して、父のいる家族の暮らしをなくしてしまうだけではない、この人たちは、ブラジルという文化を根こそぎ失ってしまうのです。今まで住んだ国ではない、初めて住む国に住み、新しい文化の中で育って行かざるを得ない。しかも父親のいないところで。そんなことをしていいのか。

それでも子どもというのはある年齢までは親の範囲内で生きてもらうしかない。ブラジルを出ることになって、本当に持っていきたいものだけ選んで、と、子どもたちに言って、もう帰って来られないかもしれない、ということを説明して、それでも私と一緒に日本に行くのだ、と告げる私に、彼らがついてきてくれたことはただ、ありがたかった。そういうんなら、そうしかないよな、と幼いながらにあきらめるしかなかった子どもたちのことを思うと、本当に申し訳ない。東京の区立小学校に入り、典型的な日本の集合住宅に住み、知人の紹介で見合いして再婚した私の夫と新しい関係を作り（作ったと思ったら彼はガンで早逝してしまって）、彼らには本当に苦労をかけました。

これだけ親の勝手でやっているのですから、ずいぶん不満があると思いますし、離婚して彼らが失ったものの大きさを思うと、彼らには許しがたいことであり、いつか許されることがあるのか、最後まで黙って待つしかない、という内田先生と同じ口調になってしまいます。幾重にも「親を許す」について、自分が許されるかどうか、を話す資格はありません。私たちが話すことができるのは、「自分が自分の親を許す」かどうか、だけです。親になる、ということは、許されることを学ぶことだ、と思ってきました。子どもたちが許してくれるかどうかはわからないにせよ。

それを思うと、しみじみ、「親を許す」ことを、思いつくこともないような育ち方をした、という内田先生のお話、つまりは内田先生の育ち方、には男の子の育て方の重要なキイがあるような気がします。子どもが許すモードになる必要もない育て方を親がした、というのは、何よりの親への勲章です。だれにでもできることではないとはいえ、「あれこれいわれなかった、制度的次男ポジション」、「幼い頃に大病をして、生きているだけでOKとなった」、このへんには、汎用可能な重要なモードが隠れているような気がします。

このように育ってほしい、このように育てたい、こんなふうになってほしい、そのような期待を親はどうしても持ってしまいがちです。おっしゃるように、当時は、まだ、「長男」への親からの期待は非常に大きなものだったと思います。そのような期待と関心を持たれているお兄さんを見て、内田先生が「なかなか大変そうだな」と思われたように、子どもは「ある形」を期待されると、本当につらくなるのではないかな、と思いますね。期待と関心はもちろん良い方向で機能すれば、本人にとって大きな力になりはすること、そしてそのような例も少なからずあることを、もちろん知らないわけでありませんが。

こんなふうになって欲しい、このように育ってほしい、は、どんな親でもちょっとは思うことであるにせよ、ある意味、その子の「いま」の否定であり、その子にその子ではないものになることを求めることになる。子どもは将来何かになるために生きているのではないのだから、「期待」は多くの場合、つらい結果につながりやすい……。

子どもたちを日本に連れて帰ってきて、彼らはバイリンガルですから話されている日本語はわかるものの、話されている中身がわからない、という意味でのカルチャーショックが、当初、ずいぶんあったと思います。その一つが「大きくなったら何になるの?」、「大きくなったら何になりたいの？」、「将来の希望は？」などといった、大人になった時にどうしたいか、という質問を頻繁に受けることでした。その質問をする大人たちは、悪気などあろうはずもなく、気楽な子どもとの会話、と思って聞いてくれていたのだと思いますが、彼らは答えられず、私に「大きくなった時のことはわからないよね」と言っていました。私たちは子どもたちに話す時なんとなく習慣的にこういう質問をするのですが、ブラジルではこういうことを幼い子どもに聞かなかった、ということを思い出します。子どもは、子どもである今、を存分に味わうことこそが何より大切だ、という暗黙の合意だったのかもしれない、と気づいたのはブラジルを離れてからでした。

子どもの今、に開かれた親の姿勢、オープンエンドな関わり、そういうもののなかで育てば、子どもは「親を許す」必要もなくなる。

さらに、「幼い頃大病をして、生きているだけでＯＫ」これは、本当に達観です。オープンエンドな育て方、さらに、生きていればいい、というスタンス。簡単に言えば、「無理やりやらせない」。内田義彦のエッセイに「トンボ釣り」の話、というのがありました。子どもがトンボ釣り（と書きながら、これって、今の子どもにはわかりにくい、一昔前の遊びになってしまったのかもしれない、と思いますが）に夢中になっていて、他のことを何もやらない。トンボ釣りをやめさせたければ、簡単なことで、無理矢理トンボ釣りをやらせれば、子どもはやりたくなくなる、と書いてありました。無理矢理やらせるとなんでも嫌になってしまう。そうだよなあ、と思いました。今どきのゲームやスマホの耽溺性を考えると、やめさせたいから無理矢理やらせる、という方向性でいいのかどうか、迷いはありますけど。

ともあれ、「生きているだけでＯＫ」に、どのように至れるか。結構これが難しい。「親子問題」のドラマとか小説ってけっこう、そこに落ちていくんですよね。いつも問われる側は親の方で。林真理子さんのみごとな近作『小説８０５０』も、そこに至るまでの親の葛藤の物語、として読みました。

民俗学関係の本には、よく、以前は生まれた子どもを元気に育てるための儀礼として、生まれた子どもを一度「辻」に「捨てる」ことを、形として行い、一度は死んだものと思い、拾ってきて育てる、というのがあった、ということが出てきます。一度は死んだもの、と思って育てる。これって親の側への「生きていればいい」のスタンス獲得のためのトレーニングだったんですね、きっと。

ところで、家族同士であまりしゃべらない、食卓でもほとんど世話話みたいなこと以外大した会話はなく、黙々と食べる、というのはうちも同じです。電話で話す、ということも用事がない限りほとんどなくて、ゆっくり話すという習慣がない。家族というのは、黙っていて、何も話さないけど、それが気づまりじゃない関係、頻繁に連絡を取る必要すら感じないもの……という感じは我が家にもあります。先日も黙ってごはんを食べていたけど、息子が、ぽろっと「今年に入って９割がた緊急事態宣言で、何が緊急なのかわからない」と一言。誠にその通りでございます。

パンデミックの出口がまだ見えません。どうかご自愛くださいませ。

２０２１年９月４日　三砂ちづるより

第5便 B

もうすぐ失われるものを懐古する

内田樹より

三砂先生

こんにちは。内田樹です。第5便拝受しました。今回はあまり遅くならずにすぐにご返事差し上げることにします。

三砂先生もたいへんだったんですね。僕は娘一人を連れて、東京から芦屋に移動しただけですけれども、三砂先生は二人連れてブラジルから東京ですからね……「ブラジルという文化を根こそぎ失ってしまう」という表現に胸を衝かれました。彼らがいずれもう一度ブラジルに出会って、ブラジルの文化をおのれのものとして回復するという機会に恵まれますことを僕も願っています。

それはたぶん可能だと思うんです。

僕は高校生のときに一度は「内田家の文化」みたいなものをきれいさっぱり捨てたつも

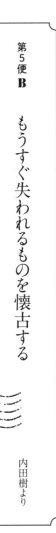

りでした。でも、40歳過ぎから、自分の中にあって「ゆるぎないもの」の相当部分が「家風」によって培われたものであることに気がつきました。

その頃はまだ父母も兄もみんな元気でしたから、仲良く行き来はしていましたけれど、でも、僕をかたちづくったのは1990年代時点での「リアルタイムの内田家の家風」じゃなくて、「1950〜60年代の内田家の家風」なんです。

その「家風」なるものは70年代にはもう消滅していました。子どもたちは二人とも家から出て行ってしまうし、それぞれ結婚して家族ができましたから。そして、僕は40歳を過ぎたあたりから、「1958年から64年くらいまでの、下丸子に住んでいた頃のわが家のありようって、なんか懐かしいなあ。今にして思えば、僕の精神的な骨格をかたちづくったのは、あの日々だったんだなあ」と遠い目をするようになった。

その頃にたぶん兄も同じような感懐を抱くようになったんでしょうね。「家族旅行しないか」と提案してきました。これが不思議な話で、「家族旅行」なんだけれど、兄の一家(兄と妻と二人の子ども)、僕の一家(僕と娘)はこの場合の「家族」にはカウントされていないんです。つまり、まだ兄も僕も家を出る前の、60年代なかばまでの構成メンバー四人だけの内田家を「再演する」というプランだったんです。

父母もこの提案を喜んでくれたので、「四人だけの家族旅行」というものを父親が亡くなる10年くらい前から毎年するようになりました。この旅行はほんとうに楽しかった。「むかしずいぶん親不孝したから、その埋め合わせをしているんです」というふうに対外的には「言い訳」をしていましたけれど、そんな義理がらみのことではなくて、四人で暗黙のうちに30年前、40年前の「内田家」を演じていたのです。

あれは、いったい何だったんでしょうね。家族四人が集まって、「今はもう存在しない家族」のために供養をしている……というような感じでした。ほとんど同窓会ですね。「かつて存在したが、今はもうなくなった集団」をかつてその集団のメンバーだった人たちが集まって懐かしんでいるわけですから。父母にしてみても、まだ若くて、元気で、希望にあふれていた時代の自分の気分や体感を思い出す機会だったのかも知れない。

三砂先生のお二人の息子さんたちも、たぶんご自分の家族を持つようになってしばらくしてから、「ねえ、同窓会やらない?」というようなことを言い出すんじゃないかな。「三人でブラジルに行かない?」って。なんだか、そんな気がします。まだだいぶ先の話になりそうですけれど。でも、その時に彼らもまた「一度失ったブラジル文化」を取り戻して、それがどれくらい深く彼らの精神的骨格をかたちづくっていたのかを再確認することができるのではないでしょうか。

家族って、今ここにあるものであるという以上に「今の自分をかたちづくった場所だと自分が信じている集団」のことなんじゃないでしょうか。「想像の共同体」です。

だからたぶん「私の家族」という言葉で頭の中に思い描くイメージが、家族のメンバー全員によってひとりひとり違っている。メンバーたちの年齢が違ったり、住んでいる家が違ったり、場合によっては構成員の数が違ったり……「うちの家族」という言葉だけは一緒でも、家族のひとりひとりが頭の中に描いている像は違っている。

今年の初めに放映されていた宮藤官九郎脚本のテレビドラマ『俺の家の話』ってご覧になりましたか？　僕はふだんテレビはぜんぜん見ないのですけれど、このドラマだけはなぜか毎週見てました。能楽師の家の話というので興味がありましたし、宮藤官九郎＋長瀬智也という組み合わせは『池袋ウエストゲートパーク』も『タイガー＆ドラゴン』も面白かったので、期待して見ました。

このドラマ、一度はばらばらに分解してしまった家族が、父親の危篤をきっかけに再構築されるという話なんです。家族をまとめることができなかった自分勝手な父親が死にそうだということで、いろいろな仕方で父親からスポイルされてきた子どもたちが再結集する。でも、一度分かれた家族ですから、お互いになかなか心が許せない。でも、このドラマの場合でも、クライマックスは子どもたちが「今の自分」を手放して、「あの時代の自分」を演じるようになるところなんです。「あのころの家族」を技巧的に再演しているうちに和解が成就する。そういう話なんです。最後は「そこにいない人間があたかもいるかのようにみんながふるまう」ことで家族が結束する……というメシア信仰みたいな、実に宗教的に深い終わり方をするんですけど。

家族を結びつけるのは、今一緒にいると、どういうふうに楽しいとか、どんな支援を期待できるかとか……というようなことじゃなくて、「もうここにはないもの」を共有し、それを懐かしく思い出すということなんじゃないでしょうか。

そして、みんなが懐かしむ「もうここにはないもの」は「もともとなかったもの」かも知れない。

いや、もしかしたら、その方があるいは多いのかも知れません。でも、それでいいと思うんです。人間をかたく結びつけるのはたいていの場合「存在するもの」ではなくて、「存在しないもの」だからです。

前にフランスの地方都市でひと夏を過ごすことがあって、その時に読むものがなくなって、街の本屋さんに本を買いに行ったことがあります。日本文学のコーナーを見たら、驚いたことに谷崎潤一郎の仏訳が何冊も並んでいたんです。『陰翳礼讃』とか『細雪』とか。いったいどんなフランス人が『細雪』を読んで面白いと思うんだろう……と不思議な気がしました。昭和17~18年の阪神間のブルジョワ家庭の結婚話とか物見遊山の話とか、フランス人が読んで分かるのかなと思いました。

でも、ずいぶん後になって、フランス人でも『細雪』を読める理由がわかりました。『細雪』って全編にわたって「失われたもの」あるいは「もうすぐ失われるもの」を懐古する物語だからです。

「もうすぐ失われるものを懐古する」って変ですけれど、そういうことってあるんです。

小説が描くのは、京の景観や、美食や、芸能や、耽美的な生活なんですけれど、それを微に入り細を穿《うが》って記述している谷崎は「あとしばらくしたら、これらのものはすべて消える」と思っているようなんです。事実、『細雪』に描かれた「美しいもの」はほとんど昭和20年の大空襲で灰燼《かいじん》に帰してしまう。

『細雪』は陸軍の検閲にひっかかって発禁処分になりました。僕は検閲官のこの「慧眼《けいがん》」に脱帽します。検閲官は、この小説の行間からにじみ出る「帝国臣民が享受してきたすべての『美しいもの』はもうすぐあとかたもなく破壊されるだろう」という文学者の予感を見とがめたわけですから。

だからこそ、フランス人読者が谷崎を読んでも、その感動は伝わるんだと思います。僕のような戦後生まれの日本人にとって、『細雪』が描いたような美的世界はほとんどすべて「すでに失われたもの」です。「実際には触れたことがない」という点では、僕もフランス人読者も変わりがない。

「今、ここに存在する美しいもの」はその場に行かないと経験できませんが、「かつて存在したけれど、今はもうかき消えてしまったもの」を懐古し、その欠落を悲しむということなら、想像力さえ働かせれば、誰にでもできる。

フランスでよく読まれている日本人作家は谷崎潤一郎と村上春樹と夏目漱石ですが、この三人の作家に共通するのは、「何かたいせつなもの」がとりかえしのつかない仕方で失われたトラウマ的経験をめぐる物語を代表作としているということです。それがあるいは彼らの世界性の秘密かも知れません。


どうしてこんな話をしているかと言うと、家族も「そういうもの」ではないかという気がするからです。「もう存在しないもの」を懐かしむ気持ちにはある種の深さと普遍性がある。他のことではなかなか共感し合えない人たちも、「欠落感」の深さと切実さにおいては結びつくことができる。

『北の国から』というテレビドラマがあります。三砂先生もたぶんいくつかはご覧になったことがあると思いますが、ドラマの中の回想シーンで、純（吉岡秀隆）がよく「そんなことが起きているとは、僕はぜんぜん知らなかったわけで」というナレーションを入れます。このナレーションは、自分の家族の身に「そんなこと」が起きたことを自分は（知っているべきだったのに）知らなかった。家族としての責任を十分果たせなかった。そのことについての微かな悔いをにじませています。

でも、このような「悔い」こそが家族をむすびつけているものではないかなという気が僕にはします。家族でない人については、そんなふうな悔いは感じないからです。家族以外については風の便りに触れた時に、「そうだったのか、あいつそんなことになっていたのか……」という感懐は持つでしょうけれど、「私がそれを知らなかったことについては私に非がある。責められても仕方がない」とは思いません。

どんな親しい家族同士でも、どこかで必ずお互いについて「そんなことが起きていたとはまったく知らなかったわけで……」という思いを抱くことはあると思います。そのことについて微かな悔恨の念を覚えるというのが、家族であることの証ではないかなという気がします。

わあ、なんだかすごく長くなってしまいました。すみません！

もう一つすごく共感できたのが、日本ではすぐに大人たちが「大きくなったら何になるの？」「将来の希望は？」といったことを子どもに訊くことです。

そんなのは当たり前のことで、世界中どこでも子どもたちは同じ質問を向けられていると思っている人がいるかも知れませんけれど、これは違います。

僕がこれまで読んできた世界各国の小説を思い出す限り、「大きくなったら何になるの？」というような質問は人間の内面に踏み込むデリケートな問いですから、かなり親しくなった後にしか発されないし、よほど相手から信頼されていないと問いかけても答えは得られない。そして、たいていの場合、その答えは「あっと驚く」ようなものです。だからこそそういう問いはめったに物語の中には登場しないし、その答えをきっかけに物語が大きく転換したりする。

でも、「将来何になるの？」は日本では日常的な、きわめてカジュアルな質問です。でも、「将来の夢は？」なんて、よく知らない人に訊かれても、すらすら答えられるはずがないし、答えたくもない。少なくとも僕はそういう質問にまじめに答えたことがありません。高校生まではそう訊かれると「法学部に行って、検事になる」と答えていました。「どうして？」とさらに訊かれると、「容疑者の供述の矛盾を衝いて、相手を追い詰めるのが得意だから」と。そんなの嘘なんですよ、もちろん。でも、そういうふうにでもして煙に巻かないと、しつこいから。

今は高校生たちもはやばやと「将来の夢」を確定することを求められます。「夏休み明けまでに将来の夢を確定して進路指導に提出すること」なんていう課題が出るんです。そのせいで、今の高校生たちは「夢」という語を見るとうんざりした気分になるんだそうです。気の毒な話ですね。

これは日本社会の得意芸であるところの「均質化圧」「同調圧」の典型的な表れだと思います。子どもは一回自分で口にしたことに縛られます。何となくうっかり「将来は……になりたい」なんて言ってしまうと、それがしばしば呪いになる。どうせ誰かの請け売りで、他者の欲望を模倣しているに過ぎないんですけれど、一度口にしたことは固有のリアリティーを獲得する。それが皮膚の中にねじ込むようにして内面化される。その結果、子どもたちの夢が「相互模倣」の中に巻き込まれて、みんなが同じような夢を持つようになる。

気の毒です。だから、僕は子どもに向かって絶対に「将来何になりたい？」という質問をしません。だって、わからないんですから。僕が仏文学者になったのも、武道家になったのも、物書きになったのも、ぜんぶ「もののはずみ」です。もののはずみで違う方向に転がっていたら、ほんとうに検察官になっていたかも知れないし、政治家になっていたかも知れないし、役者になっていたかも知れません（かつての岳父に「私の地盤を継いで、自民党から衆院選に出る気はないか？」って訊かれたことがありますし、舞台を見たディレクターから俳優としてテレビに出ないかって誘われたこともあります）。

だから、子どもを見ても、「この子が将来何になるかなんて、全然予測が立たないなあ（とりあえず元気で生きてくれていたらそれでいいよ）」と思って、のんびりしてます。

さ、切りがありませんから、もうほんとに止めますね。ではまた。

２０２１年９月14日　内田樹拝

第6便

la sixième lettre

『細雪』の世界から

第6便 A

「女の文化」と「男の文化」の絡み合い

三砂ちづるより

内田先生、こんにちは。

お便りありがとうございます。

お彼岸でしたね。

内田先生は、東京で育ち、阪神間（のシンボルのような神戸女学院大学）で働き、暮らして来られた方、私は、内田先生と逆に、阪神間で3歳から成人する頃まで育ち、今、東京で暮らしています。父が兵庫県西宮市の人で、「三砂」という姓は、西宮神社由来、ときいていましまして、西宮には結構、「三砂」という家があるようです。墓は西宮市内にありますので、お彼岸にお墓参りをしました。母や妹は市内におりますが、新型コロナパンデミックの中、積極的に会おう、と彼女たちにいうのは、気が引けるところもあって、特に連絡をしていませんでした。

祖父母や父の眠るお墓に着いてみると、だれかが父の墓に花を供えています。妹と、ばったり、父の墓で、結局、出会ってしまったのでした。内田先生とも、隣町珈琲でばったりお目にかかりましたが、妹にも父の墓でばったり会い、まあどちらとも、会って不思議はないところで会っているわけですが、このようにタイミングが合うのって、文字通り、ギフトだなあ、と思ってしまいます。天啓は受け取った人のものですから、その天啓のくれる幸せに憩う阪神間でのお彼岸の日々、となったのでした。東京にいると、山はあんなに近くに見えず、海もあんなに近くには、ありません。今や、人生で一番長く暮らした街は東京となりましたが、幼い頃とティーンエイジを過ごした場所には、今も多くを負うています。阪神間の、あの山と海の感じと、言葉のなかで育てられてきたのです。

フランスで谷崎の『細雪』や『陰翳礼讃』が熱心に読まれていることについて前便に書いてありましたね。「フランスでよく読まれている日本人作家は谷崎潤一郎と村上春樹と夏目漱石で、この三人の作家に共通するのは、「何かたいせつなもの」がとりかえしのつかない仕方で失われたトラウマ的経験をめぐる物語を代表作としている」、と。うーん、確かにおっしゃる通りですね。当初、思想がない、とか、時代と格闘してない、とかいわれたことまで、谷崎と村上春樹はなんだか似ているところがあるような気さえ、してしまいます。谷崎は活躍の場として、村上春樹は育った場所として、阪神間に深く根ざした人たちでもあり、心より敬愛しています。村上春樹は、隣の小学校の人で、春樹少年が自転車に乗ってプラモを買いに行った、という西宮商店街は、阪神大震災で様変わりしてしまいましたが私も文房具を買いに通いました。彼がジュヴァナイル（少年・少女向けの本）を貪るように読んだ、という西宮市立図書館で、私もまた小学校の頃、本をよみあさりました。同じ読書カードに名前を書いたかもしれない、と思い、どきどきする一村上ファンです。

西宮の家では、祖父と大阪船場から嫁してきた祖母と同居していました。時折、谷崎の『細雪』を文字通り、ぱらっとめくりたくなるのは、東京にいてそれこそ今はない（私が暮らしていた頃にすらすでになかった）、阪神間の雰囲気と、あの独特の会話にふれたいのだと思います。ああいうお嬢さんたちのありようとは、関係のない暮らしでしたが、その言葉、空気感がスイッチになって、自分のそれこそ「失ったもの」の記憶が想起されるんですね。谷崎の『卍』も、あの語り口が、大変よろしい……。なんとなく、だれもいないところで、こっそり、一人で声を出して読んで、なつかしむのです。谷崎作品で、唯一、同性愛を扱っている、なんて書かれていますけれども、内容は、別に、なんでもいいんです。『卍』の語り口がなんとも素敵で、一人朗読会、を、勝手にやって、その世界に漂うのです。

西宮の小学校の5、6年の時の担任だった神戸大の文学部を出た若い女性の先生（のち詩人になられました）が、いっとき、谷崎が住んでいた、という家を間借りしておられたことがあって、岡本あたりだったか、と思うばかりで、おぼろげな記憶なのですが、その二階家から外を眺めたことは記憶に残っていて、ああ、谷崎もここから外を眺めていたのなあ、なんて思いましたね。なんでも、阪神間には谷崎が住んでいた、という家が、なんだか山ほどあるらしいですから、その一つだったのかもしれませんが、真偽の程は分かりません。気難しく、機嫌が悪く、自分の世界に閉じこもっていた一人っ子（歳が離れた妹が生まれたのはその後のことだったので）だった私に、啓蒙思想だとか、徒然草だとか、源氏物語だとか、教えてくれた先生で、その先生のイメージと谷崎の住んでいた家、というのが、阪神間の記憶とともによみがえります。

「おんな社会」がなくなったこと。女の世間であり、女の社会であり、女の文化。『細雪』に微に入り細に入り描かれていたのは、そういうことですよね。男の文化、女の文化が存在して、その絡み合いこそが、重層的な人間のありようを作っていた。それがなくなった今、男の子をどう育てれば良いのか、という切実さをどう扱えば良いのかが、この往復書簡のお題として、いただいたものであることも、書きながら思い出します。

内田先生のお手紙に書いてある「家族の同窓会」のことを読んで、思い当たることがあります。夫を亡くして、ひとりものになったとき、長男の結婚前に、長男、次男、わたし、の三人でやった、「集中的な家族旅行」は、まさに「家族の同窓会」であったのだ、ということに、気づいたのです。

我が家の二人の息子たちの父親はブラジル人で、離婚して、10歳と8歳の子ども達と日本に帰ってきました。知り合いの紹介で見合いして、日本人の夫と再婚して、四人で「家族」としての暮らしを東京で15年ほどやったのですが、2015年に、その再婚した夫は亡くなりました。夫が亡くなった頃、次男はまだ関西学院に通っていましたから、東京の自宅にいなかったし、長男は就職して会社の寮にはいっていたので、それぞれがばらばらで、結果として、みんな、ひとりもの、の三人、だった時期があったのでした。

夫が亡くなって3年くらいしてから、最初は、私の還暦祝い、ということで、私がずっと行きたがっていたバリ島旅行を長男が企画してくれて、そのあと、まことに集中的に、ものすごくディープに何度も、「三人で旅行」をしたのです。ふつう、やらないですよね。20代の男の子二人と、母親との、三人での旅行……。いくら半分ブラジル人の家族とはいえ、この三人の組み合わせの旅行は、なかなか珍しいもののように思いました。2年弱の間、新型コロナパンデミックが始まるまで、バリ島に2回、箱根、台湾、沖縄……。なんだか、必死になって、時間を見つけては、三人で出かけました。

ものすごく楽しかったのです。

最初にバリ島に行った時、ああ、これだった、と、思いました。息子たちも同じように感じていたと思います。熱帯の海とプールの記憶。ココナッツウォーターと熱帯の果物の記憶。私たちが暮らしていた北東ブラジル、セアラ州フォルタレザは、南緯3度、一年中、30度の気温、朝6時に日が上り、夕方6時に日が暮れます。本当に、毎日、毎日、そのようにして10年が過ぎていました。毎日、暑い。大西洋の外海に面したサーファー好みの海岸のすぐそばに住み、週末には判で押したように車で家から30分ほどのところにある別荘に出かけました。別荘なんて、贅沢な、と思われるでしょうが、ブラジルの都市に住む中産階級は、大体週末を過ごす小さな別宅を海のそばに持っていて、そこに家族が集まり、一日中水着（女性は、必ずビキニです）を着て、ハンモックに寝て、お祝い事があれば、シュラスコ（バーベキュー）をやる、というのが休日の過ごし方なのです。友人たちもお互いに訪ね合い、幼い子どもたちはみんな一緒にサッカーしたり、プールで泳いだりして、日がな過ごすのです。

我が家の別荘にも、小さなプールがありました。小さいプールですが、深い。私でも足が届かなかったので、2メートル近い深さだったのではないかと思います。そのようなプールで子どもたちは泳ぎを覚えたのでした。特に次男は、1歳7か月くらいの頃、周りの大人が、ひし、と子どもたちを見守っている中、プールに飛び込みました。大人たちはすぐそばにいて、何かあれば、すぐ救いあげることができる距離にいる。そんな中、次男は、すぐに自分でぷかぷかと浮いてきて、本能的に泳ぎ始めたのです。人間って、本能で泳げるんだな、と、みていて、驚きました。大人たちは次男が泳げるようになったことを喜び、次男はそれから8歳でブラジルを出るまで、週末ごとに2メートルのプールで、長男と二人で、あるいは他の友人たちと、日がな、ぼーっとプールで浮かんだり、泳いだり、潜ったりして、過ごしました。海にもよく行きましたが、外海で波が荒いですから、泳いでいたのはもっぱら、プールでした。

別荘には、深い緑をたたえたマンゴーの木が何本もあり、黄色やオレンジの、ピーマンのような大きさの実をつけるカジュー（カシューナッツが取れます）の木もあり、ヤシの木もあって、ココナッツウォーターを楽しみ、アセロラの実を摘みました。プールのそばの赤い花には、ハチドリ（本当にいるんだ、と感心しました）がやってきて蜜を吸い、木の上には、タマリンというのでしょうか、小さな猿も来ます。犬も猫もいて、子犬や子猫がたくさん生まれました。ぼんやりと暑い中での海とプールの記憶。深いプール。海と水の記憶。両生類みたいにブラジルのリトラル（海岸）でくらしたこと。それが、私たち3人が「失ってしまった」共通の記憶なのだ、と、バリ島で気づいたのです。たわいもないことを話し、美味しいものを食べ、温泉やプールに入りながら、三人で、2年間、何度も旅行を続けました。

そのあと長男は結婚し、我が家は、今、また、別のフェーズに入りました。次男と「あれは、ちょっとすごい時期だったね」と話します。私たちは、確かに、あの時期に「失ったブラジルの日々」を求めていた。そして私たち三人は、あの、ブラジルのリトラル、熱帯の水の暮らしをこそ、共有していたことに気づいた、その風景を私たちだけが日本語で語ることができる、ということに気づいたのだと思います。ブラジルの家族たちとは、ポルトガル語で話すから、文脈が少し違います。あの熱帯の日々を「日本語で」話せるのは私たち三人だけ。その、三人、という強固な何か、を感じた。私たちがどういう記憶を共有しているか、そしてその記憶が、今の私たちをして、私たちにしているか、ということがわかった。あらためて、「家族」であることを再確認したように思います。その時に、わかっていたのではなく、内田先生から「家族の同窓会」という言葉をもらって、「あれはそういうものだったんだな」と、理解するのです。

「国際結婚」では、離婚したからといって、子どもたちをどこに連れて行ってもいい、というわけではありません。子どもたちをブラジルから連れて出るのは、そんなに簡単なことではありませんでした。いわゆる子どもの連れ去りを禁止している、ハーグ条約、とかが関わってくるんですね。日本はまだその頃はハーグ条約を批准していませんでしたが、ブラジル側は、していました。具体的にどういうことになるか、というと、ハーグ条約を批准している国では、片親だけで勝手に子どもを連れて外国に出ることはできません。日本の感覚で言えば、「お母さんは留守番するけどお父さんと海外旅行する」とか「お母さんだけとちょっとどこかに行く」とか、別に全然違和感ないと思いますけれども、多くの国ではそうではありません。片親だけと国外に出る場合は、家庭裁判所に出向き、両方の親がサインをしなければ、片親だけで子どもを連れて国外に出られないのです。

私が子どもたちとブラジルを出た時、父親は子どもたちが私と日本に行くことについて合意し、家庭裁判所で署名していたから、ブラジルを出られたのです。それだけで、大ごと、でした。その後、ブラジルの弁護士も立てて、正式にブラジル側の親権も取りました。日本にいれば、日本の親に日本側の親権はありますけれど、ブラジルの親権も取らないと、私に何かあって、子どもたちが突然ブラジルに戻らなければならない、なんていうことになったら、かわいそうですから。

それって、なかなかにたいへんなことでした。当時、まだWhatsAppもskypeもない頃で、高い値段の電話を払ってブラジルの弁護士と話し合い、ＤＨＬで書類をやり取りして、合意に至るまで、結構エネルギーのいるプロセスでした。あんまり自分の人生で自慢できることないですけど（子どもがいるのに離婚した時点で、子どもに関して何か、自慢できる、とか、完全にアウトですよね……）、この、異国の親権をとった、ということはちょっとがんばった、ということだった、と、思います。現地の腕のいい弁護士を探して、ポルトガル語で説明して、文書作って、交渉して……。結構タフなことでありました。次男がブラジルの成人である18歳になったときは、本当に安堵したものです。

ロンドン大学で10年給料もらったり、ブラジルで地元の州保健局や保健省相手に長く働いたりしましたし、あまたの国で〝国際協力〟の仕事をして来たりしましたけど、「仕事」は「仕事」なので、これとくらべたら、それほどたいへんじゃなかった。個人的なレベルでのさまざまな困難をスムーズにはこぶためにこそ、仕事して経験積むんじゃないか、と思うくらいでした。これを経験したので「国際結婚」する人たちには、ほんとうに、差し上げられるアドバイスはなんだってしたい、というお節介モードになっています。まずはおめでとう、文化の違う人と暮らすことの豊穣を楽しんで欲しい。願わくば、ずっと幸せであって欲しい。でも、その国の様々な制度を少しずつ勉強しておくことは、必要なことだよ、とは、言いたいですかね……。

「家族の同窓会」話から、結構いろんなことを思い出してしまいました。もう少し時間が経つと、亡くなった夫との四人の家族の時間のことを、あらためて、あとづけることもあったり、ブラジルの家族と、ブラジルの時間をとらえ直したりする「同窓会」をやることがあるのかもしれません。家族はまさに、「失った時間を共有」するものですね。内田先生に名付けられたから、あれこれと、家族の話を思い出しました。

自分のことばかりで、長くなってしまいました。新型コロナはデータを見ているとどうやら「季節性」がありそうですね。2021年の秋は、少し、動ける状況になってきて、また、冬に向けて、別の波が来るのでしょうか。引き続きご自愛ください。

宮藤官九郎脚本のテレビドラマ『俺の家の話』、みてみます。それでは、また。

2021年9月23日　三砂ちづる　拝

第6便 B

「女の社会」にも「男の社会」にも逃避できること

内田樹より

三砂先生

こんにちは。内田樹です。

第6便拝受しました。

バリ島の「家族旅行」で、ブラジルのことを次々に思い出したというお話、佳話ですね。『失われた時を求めて』のマドレーヌじゃないけど、記憶がよみがえるきっかけって、皮膚にじかに触れてくる空気の感覚とか湿度とか食べ物の味わいとか植物の匂いとか、そういうものなんですよね。目は閉じて、外界の情報を遮断することができますけれど、皮膚は閉じられないから、どんどん流れ込んできてしまう。

香港とかバリ島とかは飛行機が空港に着いて、入国審査に向けて歩き出したところで、もう空気の匂いと湿度で「ああ、着いた」という実感がしますね。なんだか、巨大な母親に、逃げようがないくらいの圧力でぐいっと抱擁されたような感じがします。

僕もバリ島が大好きなんです。もうしばらく行ってないですけれど、また行きたいなあ。何もしないで、ただビーチやプールサイドに寝転んでるだけです。推理小説を読んだり、寝椅子に転がって友だちとおしゃべりしたり、昼前からピニャコラーダを飲んだり、冷房の効いた部屋で昼寝をしたり……ただ、そうやってだらだらと時間が流れてゆく。バリ島にいると外の湿度や雨水と自分の体液が相互浸透して、自分と世界とが「ぐずぐずと」一体化したような独特の感じがします。ハワイや地中海だと、たぶん乾燥しているせいでしょうけれど、なかなかそこまで「ぐずぐず」した感じが得られない。バリ島にいると「ああ、『レイドバック』というのはこういう感じなんだな」としみじみ思います。

書いていたらまた行きたくなりました。いつになったら海外旅行ができるようになるんでしょうね。

三砂先生も『細雪』がお好きだと知って、うれしいです。

神戸女学院大学に就職が決まって、東京から関西に引っ越しした時に「住むなら芦屋」と決めていました。

第一の理由は芦屋が谷崎潤一郎と村上春樹の「聖地」だったからです。

もう一つの理由は母親の生まれた土地のそばだったからです。

母親は王子公園近くの生まれで、摩耶小学校を出て、神戸市立第一高女というところに通っていた典型的な戦前のブルジョワ阪神間女子です。だから、『細雪』に出てくる昭和13年の阪神の大水害も経験しています。

母にとっては『細雪』に出てくる景勝地もホテルやレストランも、どれも子どもの頃に両親に連れてゆかれた場所ばかりでした。

僕が子どもの頃、昭和20年代から30年代にかけてですけれども、敗戦国日本がほんとうに貧しかった頃、母は時々書棚から古い版の『細雪』を取り出して、懐かしそうに読んでいました。そして僕と兄に向かって、「あんたたちは、こんな美味しいものを食べたり、こんなきれいなものを観たりすることが、もうできないんだね」と哀しげに語りかけました。

そういう時代だったんですよね。戦争に負けて、何もかも失って、日本人が戦前ならちょっと背伸びすれば味わえたあれこれの「贅沢」がもう二度とできなくなった……多くの日本人がそう思っていました。母にとって、『細雪』は「戦後の日本人がもう二度と経験することのできなくなった、失われたものの長大なリスト」だったのです。

それが戦後45年経って、縁あって母親が育った場所のすぐ近くで女の子を育てることになった。文学作品と家族の記憶に引き寄せられるようにして、ある土地に住むようになるというのは、なかなか経験できないことでしょう。幸運なことでした。

どこを「故郷」として選ぶのかについてはかなり自己裁量が許されているような気がします。僕は生まれたのは東京都大田区下丸子で、17歳までそこで過ごしましたが、今はその町を「故郷」として懐かしく思い出して、時々行ってみたくなる……ということはありません。もちろん、小さな頃の家族の風景や家の中や、通学路の風景はありありと回想できるのですが、それはもう脳内にしか存在しません。町の様子はもうすっかり変わってしまっている。ですから、かつて自分の家があった場所に連れてゆかれても、「ここに家があった」とはっきりと思い出すことさえできないだろうと思います。

それよりは7歳の娘と二人だけで、友だちも知り合いもいない見知らぬ土地でひっそりと暮らした芦屋市山手町に「故郷」に近いものを感じます。今も宝塚まで髪を切りに行った帰りには、山越えをして芦屋に出て、山手町のかつての住まいの横を通るのですが、家の外に幼い頃の娘が心細げに立って、僕の帰りを待っている風景が幻視されて、そのつど胸が詰まるような思いがします。そこと通ると「懐かしさで胸が詰まる」という場所は芦屋市山手町以外にはありません。

娘は東京世田谷区上野毛の生まれで、関西に来て芦屋と神戸に住んで、18歳からはずっと東京です。果たして彼女はどの街を自分の「故郷」だと思っているんでしょう。

そういえば、東京に出た後、娘は友だちとバンドを組んで、「くほんぶつ」というバンド名を名乗っていました。九品仏というのは僕が最初に結婚して、彼女が生まれる直前まで住んでいた町の駅名です。「九品仏浄真寺」という名刹が駅のそばにあって、上野毛に住んでいた頃に、娘の手を引いて、よくお参りに行ったり、除夜の鐘を撞《つ》きに行ったりしていました。もしかすると「九品仏」は彼女が自分で選んだ故郷なのかも知れません（彼女自身は一度も住んだことがない町なんですけど）。

そういうものかも知れないと思います。何十年住んでも「故郷とは思えない土地」があり、住んだことがなくても「故郷のように思える土地」がある。その土地に何かの「縁」で結びつけられていると感じる土地、そこに立つと誰かに「おかえり」と言ってもらえるような気がする土地がその人にとっての「故郷」なんでしょうね。

なんか感傷的になってしまいました。すみません。でも、子どもはもう大きくなって、遠くに暮らしているので、「子育て」について書こうとすると、自動的に「懐旧談」になってしまうんですよね。

前便で三砂先生が書かれた中でちょっとどきっとしたのは次の箇所でした。

「おんな社会」がなくなったこと。女の世間であり、女の社会であり、女の文化。『細雪』に微に入り細に入り描かれていたのは、そういうことですよね。男の文化、女の文化が存在して、その絡み合いこそが、重層的な人間のありようを作っていた。

ほんとにそうだよな、と思いました。ジェンダーだけでなく、国籍であれ、人種であれ、宗教であれ、出自であれ、政治イデオロギーであれ、属性によって差別がなされて、就学や就職の機会が制限されることに僕は強く反対します。でも、それは、そういう集団属性が「どうでもいい」ものだと思うからではありませんし、人間は集団属性に規定されないと思うからでもありません。どんな人も帰属する集団属性によって、決定的な仕方で規定されます。

すべての個性は等しく尊重されるべきであるという命題と、ある集団に属する者はその集団に固有の属性を具えている（だから、個人としての個性はかなり抑圧される）という命題は、二つ並立させる他はないということです。

人間が集団に属してしか生きられない以上、どちらか一方を諦めろというわけにはゆきません。

ややこしい話です。

三砂先生がおっしゃる「女の世界」のややこしさというのはそういうところにあると思います。集団としての女の権利と地位と尊厳を守ろうと思ったら、「女というもの」は「男というもの」とはっきり差別化されているという話にしないといけない。「女の世界などというものは存在しない」ということになると、「女の集団」を守ることができなくなる。

でも、今の日本社会はそうではありません。

「性差による差別は認められない」と主張する人たちは、しばしばそれと同時に許されるのは「社会的能力による差別だけである」という主張を口にします。「なぜ無能な男性上司の下で、有能な女性が能力の発揮を抑制されているのか？」という抗議はまったくその通りなのですけれども、同時にそれは「すべての人間はその能力によって格付けされるべきである」という命題に同意署名することを意味しています。僕はこの「メリトクラシー」の考え方に恐怖を感じるのです。「全人類はその能力によって1位から70億位まで格付けされることが可能である」という考え方が怖いのです。

今の日本では、「女の世界」の解体は「男の世界」に吸収合併されるというかたちで進行しています。男の世界において価値あるとされているものとは違うものに価値を見出すのが「女の文化」であると僕は思いますけれど、今追求されているのは、もっぱら「男と共に、ハンディなしに権力・財貨・威信の奪い合いの競争に参加できる権利」です。


シモーヌ・ド・ボーヴォワールは『第二の性』で近代フェミニズムの基本的なアイディアを提出しましたが、これは1930年代にパリで開講されていたアレクサンドル・コジェーヴのヘーゲルの『精神現象学』講義を換骨奪胎して作り上げたものです。コジェーヴのヘーゲル講義には当時のフランスの知識人たちが文字通り門前市をなしました。聴講生リストにはレイモン・アロン、ジョルジュ・バタイユ、ジャック・ラカン、モーリス・メルロー＝ポンティ、レイモン・クノー、ロジェ・カイヨワ、ジャン＝ポール・サルトルら、戦後フランス思想界を牽引する知識人たちの多くが名を連ねています。

ボーヴォワール自身はこの講義を聴講していませんでしたが、聴講したサルトルやメルロー＝ポンティを経由して、コジェーヴのヘーゲル解釈には深く親しんでいたようです。

コジェーヴはそのヘーゲル講義で『精神現象学』を祖述して、人間は他者からの承認を求めて命がけの闘争をすると論じました。「生死を賭して」とは言いますけれど、相手からの承認を求めての闘争ですから、相手が死んでしまっては意味がありません。死んだ人間からは承認されませんし、欲望されることもないからです。だから、この闘争では、相手が生きており、かつ「承認を求める闘争に負けた」と認める必要があります。つまり、この戦いに負けた方は生きていて、かつ意識もはっきりしているのだけれど、「自立性」を失っている。それが「敵を奴にする」ということです。

承認を求める闘争での勝者が「主」となり、敗者が「奴」となる。ヘーゲルは世界史とはこの主人と奴隷の承認を求める戦いの歴史であると述べました。

ボーヴォワールはヘーゲルにおける「主」を「男性」に、「奴」を「女性」に読み替えれば、それがそのままフェミニズムの理論になることに気づきました。これは卓越したアイディアだったと思います。

「男性＝主」は「女性＝奴」を保護し、居場所を与え、仕事を与え、その代償として自由を奪う。多くの女たちはこの生き方に安住している。ボーヴォワールはそう考えました。「これは安逸の道である。」女たちは奴の生活に安住することによって、実存的な苦悩と緊張を免れる。そして、男たちも女にそういう生き方を勧奨する。「女たちは男たちと競争すべきではない。なぜなら、女たちは男たちとは価値観を異にする『他者』だからである」というのが、男たちの言い分でした。これは実は女たちの自由を奪うために男たちがしつらえた奸計なのだが、女たちの耳には快く響いた、というのがボーヴォワールの考えでした。

ですから、「男にとっての他者」の地位に安住している女たちに向けて、あなたたちは因習的な奴隷状態に安んじているに過ぎない。男たちとの「命がけの戦い」に参加すべきだとボーヴォワールは訴えたのです。

「女性のドラマとは、つねに本質的なものとして自己措定しようとする主体の根本的な権利要求と、女性を非本質的なものとして構成しようとする状況の要請との間の確執なのである。」(S. de Beauvoir, Le Deuxième Sexe I, Gallimard, 1949, p.34)

ボーヴォワールにとって人間の正統的なあり方は一つしかありません。自分もまた主人になるために戦うことです。より強大な権力、より大きな自由、より広い可動域、より高い地位、より多くの収入を求める争奪戦に身を投じることです。

でも、このヘーゲル主義的フェミニズムの難点は「世の中には主と奴しかおらず、全員が主になろうと戦っている」という前提をそのまま受け入れてしまったことでした。

たしかに「ヒエラルヒーの頂点をめざす競争に性差はあってはならない」というのは正しいのです。ものすごく正しい。でも、だからと言って「万人はヒエラルヒーの頂点をめざして、他人を蹴落とすために競争すべきである」というのは無条件に受け入れてよい命題ではありません。

「権力も位階も、格付けも競争もなく、みんなが支え合う社会があってもいいじゃないですか……」というかすかな声はここではかき消されてしまう。でも、このかすかな声は久しく多くの女たちが小さな声でつぶやいてきたことでした。僕はこの声は、性差にかかわらず、女が口にしようと、男が口にしようと、決してかき消されてはならない声だと思います。

ヘーゲル主義的フェミニズムの難点は「資源の争奪のための競争におけるフェアネスを求める」ことが自動的に「資源の争奪のために競争するのはよいことである」という弱肉強食宣言へ同意署名することになるという点にありました。このアポリアを解決する正解はありません。ですから、ボーヴォワールは正直に「当惑」してよかったと思います。「困ったことになった」と頭を抱えてよかったのにと思います。競争におけるフェアネスはたいせつだが、競争することそれ自体は決して「よいこと」ではないというわかりにくい言明のうちにとどまることが必要だったと思います。

　言っていることの半分しか正しくないというのは、誰にとってもあまり愉快なことではありませんが、この問題については、それを認めるしかない。


　三砂先生が書かれている「女の社会」「女の世間」「女の文化」という「他者の領域」は毀損されてはならないと僕は思います。そちらに片足を乗せたまま、「男の社会」のヒエラルヒーの頂点をめざす戦いにもコミットする。

　どうして女ばかりそんな「損な」ことを強いられなければならないのかと怒る人がきっといると思いますけれど、二つの価値観に片足ずつ乗せて生きるというのは、それほど悪いことじゃないと僕は思います。男だって逆のことをできるし、した方がいい。ヒエラルヒーの頂点を求める競争から脱落すると「男の社会」では敗者、落伍者と査定されますけれども、「女の社会」に逃れ出れば、そんな格付けは意味を持たない。

　僕は離婚してひとりで子育てをすることになった時に、「男の社会」での競争優位をめざすことを断念しました。もうコンスタントに論文を書いたり、学会発表をしたり、学界内部的な評価を高めようとか、そういうことは諦めることにしました。してもいいけれど、それだけの時間を確保しようとしたら、四六時中何かに急き立てられ、時間に追われ、憔悴するに決まっています。そしたら、いずれ子どもを「自己実現の妨害者」だとみなして、無意識のうちにつらく当たるようになる。そんな不機嫌な人間に育てられたら子どもも気の毒です。だったら、あっさり「男の世界での競争」は諦めて、子育てに専念しようと決めました。これからは母親になる。家事を「本務」とする。研究は「副業」。子どもに三食栄養のあるものを食べさせて、きちんと洗濯してアイロンの効いた服を着せて、日に干して温かい布団に寝かせてあげられたら「母として100点」を自分に与える。もしそのあとにまだ時間が残っていたら、それは「ボーナス」としてありがたく頂く。本を読んだり、翻訳をしたり、論文を書いたり、自由に使ってよい。でも、それはあくまで「ボーナス」なので、ノルマとか目標とか締め切りとかそういうものは設けない。

そうやって「競争から降りる」と腹をくくったら、気分がずいぶん楽になりました。だって、毎日「今日の自分に100点」なわけですから。そうなると、わずかな「ボーナスタイム」での仕事がずいぶん捗ります。ですから、意外にも、12年間の僕の「母親」時代というのは、結果的には学術的にもわりと豊かな時間だったのでした。

もし、あの時期を「男の社会」に軸足を置き続けて、「家事労働に費消していなければ研究に使えた時間」を「損失」に計上していたら、ずいぶん不機嫌でいやな感じの男になっていたと思います。

あの時に「女の文化」に逃避できたことで、僕はずいぶん救われました。晴れた午後にエプロンかけてリビングに座って、モーツァルトを聴きながらアイロンをかけたり、娘の体操着の胸の名札を縫い付けている時なんか、しみじみ「母であることのしあわせ」を感じたものです。

人間、一生の間ずっとヒエラルヒーの頂点をめざして他人と競争しているわけにはゆきません。そんなことに全身全霊をあげて集中できるのは、一生のうちごくごくわずかな時期です。そんなことばかりしていたら、ふつうは身体が持ちません。だから、誰にでも逃げる先が必要なんです。「女の社会」「女の世間」「女の文化」というのは、僕にとって「アジール」でした。そう感じる男たちは他にもたくさんいるような気がします。

また今回も長くなってしまいました。ごめんなさい！

2021年10月13日　内田樹 拝

第7便

la septième lettre

野生と文明のあわいにて

第7便 A

女性の身体性は取り戻せたか？

三砂ちづるより

内田先生、こんにちは。

お便りありがとうございます。

内田先生の離婚してからの子育てのお話は、何度も伺っていますし、読んでもいますが聞くたびに、いつも、ぐっときます。落語とか、歌舞伎とか、ここはこうなる、とわかっていても、その場面になると、どきどきしちゃうように、何回でも、内田先生の違う言葉で、聞きたいんですね。そして、何度聞いても、なんというか、しみじみとうれしくなって、励まされます。一人の人間の成熟に関わる逸話って、何度きいても、いいものなんです。内田先生が、やむを得ない環境で「お母さん」モードになって、洗濯したりお掃除したりご飯作ったり、子どもと過ごしたり。その合間に翻訳とか、研究なさっていた、という話。そして、結果として、その間に、今の「内田樹」として表に出ていることの多くのことがゆっくりと時間をかけて醸成されていった、ということ。内田樹の本当の意味でのご活躍は、お子さんが家を出られてから、50代以降の仕事である、ということは、それだけで、人生100年時代の一つのロールモデルを提示している、ということ。

それはとりもなおさず、おっしゃっておられるような「「男の社会」のヒエラルヒーの頂点をめざす戦いにコミットする」ことを、人生、ずーっとやらなくてもいい、むしろ、そういうことをやらないで、一旦降りる時期があったほうが、豊かに生きられるし、結果として、仕事の上でも実り多いことになり得る、ということに他なりません。

そういう、男社会の競争モードに入ることが好きな人もいるし、一人の人間の中でも、そういうことをやりたいフェーズもあるかもしれないけれど、生涯、それだけやっていると、ほんと、疲弊してくる。だってそういう闘いにずっとコミットし続けていることは、おっしゃるように、「「男の社会」に軸足を置き続けて、「家事労働に費消していなければ研究に使えた時間」を「損失」に計上」することですからね。そのメンタリティ、つまりは、「私は、子育てや家事などということに使っていなければ、もっと「生産的」なことができた」、つまりは、「もっと稼ぐことができた」、とか「もっとその仕事を通じて評価を高めることができた」、とか、「もっと昇進することができた」と考える、家事育児介護に邪魔された、と考える。それは、関わる人間の心を荒ぶれたものとし、徹底的に荒ませてしまいます。それって、「子ども」とか「家族」がいなければ、私はもっと生産的であれたのに、彼らのせいで、できなかった、と思うわけですから、彼らが恨みや不満の対象となってしまう。荒んでしまうって、そういう荒みかた、は、ちょっと、ほかの荒み方とはちがう。そんなふうに荒んでしまうことが、人間が賃労働の奴隷になるっていうことそのものなのではないでしょうか。

最近、少し、言われなくなりましたけれども、だからと言って問題の深刻さが減ったわけでもなく、一層深刻化している「少子化」問題、ですが、全国で行われてきた少子化対策、って、なんで、イコール「保育所を増やすこと」なんだろう、と思っていました。少子化って、要するに、子どもを産んだり、育てたりすることを少しも楽しいと思えなくなっていることが、どう考えても一番の問題なんだと思うのですが、なんで保育所を増やすと、解決すると言えるのだろうか。いったい、何を根拠に、保育所増設が少子化対策の要、ということになっているのか、調べてみると、なんと、1960年代の経済学研究が根拠なんですね。少子化対策としての保育政策拡大の効果について、つまりは保育政策と出生行動に関する経済学の研究、というのは、1960年代(って、私が幼児の頃です)に、Beckerによって提起された出産の意思決定を説明する理論が多く用いられています。[*1]

それぞれの家族は与えられた所得と時間のもとで、その効用を最大化するために、育児コストと子どもから得られる効用を比較して、最適な子どもの数を決定するのだ、と

Becker先生は言うのですが、だいたい、この辺りから、え？　なに、これ、おかしくない？　と思ってしまいます。どの家庭が、子どもを持つときに給料と時間とコストを考えて、冷静に子どもの数を決定したりしますかね？　おおよその家庭では、あれ？　妊娠しちゃった、子ども、生まれちゃった、という感じで、産んで育てて、という感じが、それこそ１９６０年代ごろには主流だったと思うのですが。

で、「与えられた所得と時間のもとで、その効用を最大化するために、育児コストと子どもから得られる効用を比較して、最適な子どもの数を決定する」家族では、親、とりわけ母親が育児をすることで、所得を失うことを嫌がるだろう、と、想定するわけです。経済学では、親が育児をすることによって、働きに行けなくなって生じる賃金の損失を育児の機会費用、と呼ぶそうです。「機会費用」とは、ある行動を選択することで失われ、他の行動を選択した場合に得られたであろう利益、のことらしいです。すなわちこの場合、妊娠・出産・育児を選ぶ、ということは、そういうことをしていなければ、その間、労働することができて得られていたであろう所得を失うことである、と論じる。

そこで、保育サービスが充実していれば、女性が育児期間中に働き続けることが容易になり、育児期間中だけど、働くことができれば、それによって出産・育児の機会費用の減少につながるから、結果として女性の出生行動を促進させる効果を持つと考えられている、というのです。それが、少子化対策＝保育所増設、の理論的根拠だそうです。

ほんとでしょうか？　女の人が子どもを産まないのは、子どもを産んだら、産んだり育てたりしている間にお金が稼げなくなるから？　ここで想定されている親、ってほんとに、なんというか、資本の論理を徹底して内面化していますよね。そういう「モデル」をホモ・エコノミクスと呼んだのでしたか。でも、本当にこんなふうに考えて子どもを作ったり作らなかったり、男と女は、そういう、妙に理性的な判断はしないいんじゃないかと思うのですが。でも、よく考えたら、現代は、まさに、この60年代のBecker先生の思った通りの人間になってきているとも、思いますけれどもね。その辺りが、理論の恐ろしいところで、最初はこんなことに当てはまる人間、いるものか、と思っていても、ずっと言われていると、なんだか人間そんなふうになってしまうんですね。

「保育所を増やせば少子化の解決になる」という議論は、「経済学」の理論をベースとした、あくまで、「予測」です。出産・育児の機会費用が減ったら、女性はもっと子どもを産んでくれるであろう、という予測。「予測」ですから、はずれることもあるでしょう。どんどん出生率の低くなっていく日本の現状を考えると、この「経済学」の「予測」は「あたっていない」のではないでしょうか。

そもそも、経済学は既存のデータから予測を行うのですが、公衆衛生分野のデータ分析は「予測」ではなく、現実のデータからexposureとoutcome、つまりは原因と結果、を設定します。現実に、保育所がたくさんあれば、女性は子どもを産んでいるのでしょうか。

若い公衆衛生の同僚は、平成17年度から平成25年度における、東京都の市区町村別の合計特殊出生率と保育所関連のデータ（保育所の利用がない御蔵島村と青ヶ島村以外の計60市区町村のデータ）を用いて、少子化対策としての保育政策の有効性、つまりは「保育所がふえれば子どもはたくさん生まれるのか」についていろいろ検討してみたのだけれど、はっきりした関連がある、という結果、つまりは、「保育所を作れば少子化が解決」という結論は、出せなかった、と言っていました。

親の立場としては、働きにいきたいから、子どもを預けたいとは、思います。内田先生も、私も、保育所、というところのお世話には、なっています。でも、預けられる子どもの立場にも、やっぱり立ちたい。子どもの立場に立ったら、生まれたばかりなのに、ぬくぬくしていられる家を出て、保育所に行きたいでしょうか？　子どもの立場に立ったら、病気の時、いつもとはちがう保育所で、「病児保育児」として、預けられたいでしょうか？　子どもって、親が忙しかったり、親のアテンションが足りなくなると、病気になりがちです。

私の沖縄の友人は、子どもたちが小学生の頃、「抱っこが足りないと病気になる」、「子どもが一万円札持つと熱が出る」という名言を残していき、それがあまりに印象的だったため、その二つはそのまま我が家の〝家訓〟みたいになっていきました。具合が悪くなると、子どもたちは抱っこが足りないと信じ、抱っこをせがみに、来たものです。つまり子どもが具合悪くなる時って、親の側の理由で「抱っこが足りない」状態にしてしまうことが多いのです。親のアテンションが足りなくて、なんとなく具合悪くなっているのに、家にもいられず、いつもと同じ保育所にも行けず、あろうことか、行ったこともない病児保育所に行かされる、とか、あまりに子どもが気の毒すぎます。子どもが具合が悪いのに、仕事が休めない、ということこそ、問題にされるべきなのに。

日々、子どもを観察している、保育所の「現場」の方は保育所をベストと考えない人も少なくなくて、保育所を「必要悪」だという方も少なくありません。とにかく保育所を増やすことが少子化を解決する、という根拠もないままに、さらに、わからないことは多いままに保育所増設の議論が少子化対策としてどんどん先行していったので、良かったのだったか、と思います。

「二つの価値観に片足ずつ乗せて生きるというのは、それほど悪いことじゃない」、本当にそうですよね。二つの世界で引き裂かれる、というのは、たいへんつらいこと、と言われますし、実際にご本人はご苦労があることだ、とは思うのですが、二つの価値観に片足ずつのせ、どちらの価値観をも理解しながら、そのはざまで生きていく、というやり方は、間違いなく、その人を成熟させます。

二つの世界に軸足を置くやり方を、なんとか楽しめるようになるといいですね。そもそも人間は、「いろいろな自分」を演じることが楽しいのでね。娘とか母とか妻とか……。

日本はフェミニズムをまじめにやりすぎました。妻とか母として生きることに肯定的な目を向けるどころか、冷たい目が向けられたので、女性が「働く女性」としてしか生きられないような雰囲気にしてしまった。雰囲気ですよ、雰囲気。みんなフェミニズムのことをよくわかっていたわけではない。なんとなく「女は損している」「女は抑圧されている」という雰囲気になって、家事なんか、まじめにやるのは遅れている、子どもを育てるだけなのは遅れている、となってしまった。男を愛するなんて、自分が損をする。そういう雰囲気。「働く女性」モードで家事育児をすると悲惨なことになります。家事ポイント制とか作ってしまったりして。できるはずないじゃないですか。で、ぎすぎすする。だって、家事って「誰の仕事でもないもの」が必ず出てくるのでそれを自分が引き受けることは「女性の抑圧だ」と思うと、本当につらいことになります。

日本のフェミニズムが女性性の全否定につながったことは悲劇であった、と、そろそろ気づいていいような気がします。女が強くなる、とは、男が作ってきたこの競争社会で勝ち抜くということだけではなく、男が息抜き、女が求め、そのようにしている中で男も疲弊し女も疲れ子どももつらくなっているところで、みんな、そんなことだけが大事じゃないんだよ、見てごらん、今って素敵じゃない、美味しいもの食べて嬉しいじゃない、子どもはかわいいじゃない、という、違う価値を提示することです。女の世界、男の世界、がある。どちらも同時並行でいいんだよ、ということになりませんか。今の女性たちがしんどいのは、子ども達が不安になるのは、そこに一つの原理、つまりは競争原理しかないからではないですか。

日本のフェミニズムは妊娠、出産に女性の身体性を取り戻す、という運動と全く繋がりを持つことができませんでした。これは致命的なことで、日本の女性を、結果として分断することになったと思います。ブラジルに10年いましたし、イギリスにも5年いましたし、アメリカのことはよくわかりませんが、ヨーロッパやラテンアメリカのことはいろいろ肌で感じられることも多かった。彼の地では、例えば、「女性が医療に管理されず、自分のお産を選ぶ」ことは、フェミニズムの課題でした。男性論理が産科医療を作り上げている、と。

日本でも自然な、つまりは生理学的な出産を擁護し、女性たちに安易に医療介入を行わせない、ということをサポートする女性たちのグループは、ありました。世界で一番優秀な助産婦のいる国ですから。しかしそういう動きと、フェミニストの皆様方の興味関心は一致したことがない。むしろ「妊娠出産を称揚すると国家に利用される」という言葉が何度も使われ、妊娠中絶以外で妊娠、出産を話題にすること自体が忌避されました。国家が産めよ増やせよ、と女性たちの妊娠出産を称揚した時代は確かに存在し、その時代の反省のもとに私たちの世代が生きているのは確かですが、だからと言って、女性の妊娠、出産の話題を避けることは、話が逆でしょう。「国家に利用されたりしないような、妊娠出産の姿を作り上げていく」ことこそに、力を注ぎたいものです。もちろんそれは、女でも男でも、逃げ込めるアジールにひっそりと築き上げられるものです。
長くなってしまいました。この辺にしますね。お便り本当にありがとうございました。

２０２１年11月4日　三砂ちづる　拝

＊1　Becker, G.S.(1960), "An Economic Analysis of Fertility," in Demographic and Economic Change in Developed Countries, Princeton University Press, Princeton.
Becker, G.S. (1973) "A Theory of Marriage: Part 1," Journal of Political Economy, vol.81, pp.813-846.
Becker, G. S. (1974) "A Theory of Marriage: Part 2," Journal of Political Economy, vol.82, pp.11-26.　など。

第7便B

「産めよ殖やせよ」の逆説

内田樹より

三砂先生

こんにちは。内田樹です。

第7便拝受しました。人口減少の問題についてはこのところずっと考えたり、書いたりしているので、三砂先生のご意見には深く頷きました。

それぞれの家族は与えられた所得と時間のもとで、その効用を最大化するために、育児コストと子どもから得られる効用を比較して、最適な子どもの数を決定するのだ、とBecker先生は言うのですが、だいたい、この辺りから、え？　なに、これ、おかしくない？　と思ってしまいます。

ほんとうにその通りだと思います。第一、「効用」という言葉がいくらなんでも粗雑すぎます。戦争が終わったあと、敗戦国を含めて世界中でベビーブームが起きました。「産めよ殖やせよ」という政治的誘導があった戦時中よりも、食糧難で、子どもがいたらむしろ生活が苦しくなる時期により多くの子どもが生まれたことをBeckerさんはどう説明する気なんでしょう。

親たちが出産を歓迎した最大の理由は「今生まれてももう戦争で殺されずに済む」と思ったからでしょう。それを口に出すことについては社会的禁圧が働いていたとしても、無意識にはそう感じていたと思います。生まれた子どもたちを国家が「利用」しようとしていると感じると、母たちは子どもを産む気がなくなる。そういうことって、あると思います。

女性に対して社会が「お願いだから子どもを産んでくれ」と懇願すると、産む気がなくなり、「産んでも産まなくても、どうでもいいです。好きにしてください」という涼しい無関心で接していると子どもは自然に産まれる。なんだか、そんな気がします。

子どもが産まれることを社会的な損得とリンクさせるという態度そのものが出生率を押し下げる。そういうことってないでしょうか。妊娠と出産というのは「自然と人為」がたぶん6：4から7：3くらいの比率でかかわっていることだと思うんです。人間が完全に統御できるプロセスではない。その「人間が完全に統御できないし、すべきでもないプロセス」に人間がうるさく関与してくること自体が、このプロセスの適切な働きを妨げる。

なんだかそんな気がします。

現に、これは僕の印象ですけれども、「少子化が問題になる国ではさらに出生率が下がる」という仮説が成り立ちそうな気がするからです。「出生率が下がったので少子化が問題になってきた」というよりも「少子化が問題になってきて、『産めよ殖やせよ』ということを社会全体が言い出したら、さらに出生率が下がった」ということがあるのではないでしょうか。日本でも、韓国でも、中国でも、これから急激な人口減少が始まる国では、どこも30年前からこうなることは分かっていました。だから、ある意味でずっと「少子化対策」はしてきたのです。でも、対策をすればするほど出生数は減った。日本は合計特殊出生率が1・36、韓国に至っては0・84という危機的な数値です。でも、日本でも韓国でもこの数字はこれから後もさらに下がり続けるような気がします。

変な話ですよね。「少子化が社会問題になり、少子化対策がなされるほど、少子化が進む」というのは。それはたぶん「子どもを産む」という本来人為の及ばない、自然との共同で行う営みを社会的な「効用」と相関させて、人為に従わせようとする態度そのものが母性の活性化を傷つけるからではないでしょうか。

だから、逆説的ですけれども、「もう少子化については諦めました。みんな好きにしてください。こうなったら人口がどれだけ減っても、みんながなんとか幸せに暮らせるように、社会制度を作り直しましょう」という方に頭を切り替えたら、気がつくと子どもが増え始めた……というようなことがあるような気がします。ほんとに。

日本の人口減少はご存じの通りで、予測では中位推計で2100年の日本の人口は4770万人です。今が1億2500万人ですから、80年間で7730万人減る計算になります。年平均97万人。秋田県一つ分の人口が毎年消えてゆきます。でも、政府部内には人口減少についての政策センターが存在しません。先日の衆院選でも、人口減対策を主要論点に掲げた政党はありませんでした。メディアも報道しない。

僕はこれを深刻な社会問題に対して、日本人が思考停止していると思っていましたけれども、もしかしたら、もう無意識のさらに深いところで、日本人全体が「『子どもが減ると困る』という話をすればするほど子どもが減るので、その話はしないようにしよう」という呪術的思考をしているのかも知れません。自分たちがそんな呪術的思考をしているとは気づかぬままにしているということは実際にはよくあることですからね。

三砂先生は少子化対策として、「保育所がふえれば子どもはたくさん生まれる」という仮説について、保育所の数と出生数には有意な相関はなかったということをご指摘されていますけれど、僕もそうだろうと思います。ですから、今仮に政府が「子どもを産んだら報奨金を出す」と言い出しても、さしたる効果はないだろうと思います。そういう功利的な文脈で結婚とか出産とか育児について考えさせられること自体が人間の本性に反しているからです。

中国は2027年に人口がピークアウトして、以後、年間500万人というペースでの人口減局面に入ります。2040年までに生産年齢人口が1億人減り、逆に65歳以上の高齢者人口が3億2500万人増えると予測されています。

ですから、今中国政府は必死の少子化対策をしています。「一人っ子政策」は2015年に終わり、3人までの出産が認められましたが、その他にもさまざまな出産奨励策を練っています。その代表が教育コストの低減です。今の中国は「全国統一大学入試の点差が人生を左右する」と激烈な受験競争社会で、ペーパーテストの上位者に権力も財貨も文化資本も集中するという「科挙」的な仕組みになっています。そして、塾や家庭教師や海外とのオンライン授業が受けられるだけの金がある家庭の子どもたちが受験競争においては大きなアドバンテージを有する。教育にものすごくお金がかかる。だから、貧しい親たちは経済的負担を恐れて子どもを作ることをためらう。それが少子化の主因であるというのが中国政府の診立てでした。この事態を改善するために、なんとこの夏に学習塾の非営利化、海外の教育機関のオンライン受講の禁止、授業料の引き下げ、授業コマ数の抑制、宿題の抑制などという大胆な政策を採りました。さすがに中国はやることが過激です。

でも、これで少子化に歯止めがかかるでしょうか。僕は無理なんじゃないかと思います。

中国政府は女性国民に向かって「あなたがたが子どもを産まなくなったのは、金がないからでしょう？　金目の話なら、こちらがなんとかしますから子ども産んでください」と提案したわけです。僕は「こういう話の持って行き方そのもの」が少子化の主因ではないかという気がするのです。

子どもは「授かりもの」であるというのは「人為が及ばない」ということです。子どもは人間たちの管理統御が及ばないところから「到来する」。その出産という営みに対する畏怖の念があまりに欠如している。それこそが人口減の最大の理由ではないかと僕は思います。

先日、凱風館の寺子屋ゼミで産婦人科医のゼミ生が優生学についての発表をしてくれました。その中で遺伝子技術の発展によって、出生前・着床前診断が簡単な検査でできるようになり、その結果、母体保護という名目で「不良子孫の出生防止」という優生学的な診療が産婦人科で広がりつつあるという怖い話を伺いました。たしかに母体保護はたいせつだし、障害者の子どもを育てることは親にとっては負荷になるかも知れませんけれど、それは障害者の生存権の否定にはならないのかと、その産婦人科の先生（若い女性です）はとても苦しんでいました。

もちろん、この問題に対して、僕の側にクリアカットな「解答」があるわけではありませんが、考えるきっかけとして、ゼミでは子どもというのは「野生の世界」と「人間の世界」の中間にいるものだという古来の「童」観をご紹介しました。

子どもをある年齢になるまで「聖なるもの」として遇するという習慣を持っている集団は世界中にあります。それと裏返しの、「聖なるもの」「不可触のもの」を童形にしつらえ、童名で呼ぶということは日本にも中世からの伝統として存在します。

刀がそうです。「蜘蛛切丸」とか「小狐丸」とか愛刀に童名をつけるのは、それが人間によって完全に統御できるものではないという日本の伝統的な刀剣観をふまえています。刀剣というのは、人間が統御できるものではなく、それを通じて野生の巨大なエネルギーが流れ出るものであり、人間はただ良導体として、ある種の「通り道」として、刀剣を通じて発動するエネルギーの働きの「邪魔にならない」ことを心がけるというのが、伝統的な刀法の思想です。

牛飼いが童形、童名である理由は網野善彦さんが書いていました。中世の日本列島で牛は最大の獣でしたから、これを操ることができる職能民は「野生と文明のあわい」にいるものとみなされた。だから、髭面の大男であっても、牛飼いは子どもの服を着て、子どもの名前で呼ばれた。

京童もそうです。彼らは別に子どもじゃありません。大の大人なんですけれども、法秩序に従わずに暴れまわった「まつろわぬもの」です。「世界内部的秩序に従わないもの」

だから「童」と呼ばれた。

酒呑童子も茨木童子も子どもではありません。物語では、人間と鬼のハイブリッドのようなものとして表象されています。八瀬童子もそうです。彼らは天皇の棺を運ぶということだけに特化した職能民です。そのような「外部」と「人間世界」を架橋する仕事は「童子」が担う。あるいは「野生と人為のあわいにあるもの」を「童」と呼んだ。

こういう「童」をめぐる態度のうちに日本古来の「子ども」観は端的に示されているように思います。子どもは「人間の手が届き切らない」ということです。本質的には「異形のもの」だということです。だから、子どもには人間世界の価値観や判断をあてはめてはならない。そういう子どもに対する節度というものが生活文化の中に深く根を下ろしていたのではないかと思います。

幕末や明治初年に日本を訪れた外国人が日本では子どもがたいへんたいせつにされていることに驚愕したという記事はたしかに渡辺京二さんの『逝きし世の面影』にも書かれていたと思います。でも、これは「子どもを可愛がる」ということとはちょっと違うような気がするのです。そうではなくて、「子どもを『聖なるもの』と見なす」ということではないかと思います。

そういう子ども観が広く受け入れられていた時期の日本列島では人口がほぼ定常状態でした。江戸時代は300年近く列島の人口は3000万人前後で安定していましたけれど、それは子どもを産むこと、育てることに「人為」をあまり介在させてはならないという自制の働きの効果ではないかという気がします。

というようなことを悩める産婦人科医にお話ししました。役に立ったかどうか分かりませんけれど、妊娠・出産・育児をできるだけ管理統御することが端的に善であるという文明の驕りに対して、「それだと人間は滅びるぞ」と野生の力が伝えてきているということはないのでしょうか。

先日、牛窓に想田和弘・柏木規与子ご夫妻を訪ねたおりに、山の上から牛窓の絶景を眺める機会がありました。南側はすばらしい瀬戸内海の景観なのですが、北を向くと、そこには絶句しそうな自然破壊の情景がありました。

かつて美しい浅海だった錦海湾がそこには広がっているはずだったのですが、錦海湾は1950年代後半に塩田にするために干拓され、10年間ほど塩田として使われていましたが、製塩業の衰退によって、跡地は工場や産廃処分場に転用され、2018年に日本最大のメガソーラーの操業が始まり、湾のかたちそのままに黒い太陽光パネルが敷き詰められているのです。「湾のかたちそのまま」に海が真っ黒に塗りつぶされている。寒気がしました。

こんなことをしたら罰が当たるぞと思いました。

美しく豊かな海を製塩業という目先の換金事業のために埋め立て、それが儲からないとなると、今度はゴミ捨て場と太陽光パネルを並べる。目先の小銭のために、自然を回復不能なまでに破壊してしまう人間たちの愚かしさをこれほど鮮やかに可視化した風景は見たことがありません。牛窓の南の海の風景があまりに美しいために、人間の愚かしさが一層際立ちました。人間たちは「自然」を完全管理しようという愚かしい欲望がどれほど有害なものかに、いつになったら気づくのでしょう。

だいぶ長くなってしまいましたけれど、最後にフェミニズムについて一言だけ。三砂先生はこう書かれていました。

日本のフェミニズムが女性性の全否定につながったことは悲劇であった、と、そろそろ気づいていいような気がします。女が強くなる、とは、男が作ってきたこの競争社会で勝ち抜くということだけではなく、男が息抜き、女が求め、そのようにしている中で男も疲弊し女も疲れ子どももつらくなっているところで、みんな、そんなことだけが大事じゃないんだよ、見てごらん、今って素敵じゃない、美味しいもの食べて嬉しいじゃない、子どもはかわいいじゃない、という、違う価値を提示することです。女の世界、男の世界、がある。どちらも同時並行でいいんだよ、ということになりませんか。

三砂先生が「女の世界」「男の世界」と書かれている二項対立は、「身体と脳」にも、「自然と人為」にも置き換えられるような気がします。そこまで言うと「言い過ぎ」ですけれども、原理的にはそういうことではないかと思います。二つの原理が拮抗して、葛藤して、なんとかそのつど折り合いをつけてゆくという状態が、人間にとっては生きやすいし、風遠しがいいし、豊かであるのではないでしょうか。どちらかに「片づける」ということはしない方がいい。「同時並行」でいい、「同時並行」がいいんだと思います。

男も女も、一人ひとりジェンダー要素の構成のされ方はかなり違っていると思います。だから、まずは一人ひとりが自分の中での「ジェンダー・バランス」をよくモニターするところから始めたらいいんじゃないでしょうか。僕は自分の中にかなり豊かな「母性」が存在することを父子家庭になって発見しました。同じように、競争社会で戦っている女性たちの中には自分の中に家父長制や位階制や能力主義を好む「父性」があることを感知している人もいると思います。それは別に悪いことじゃない。一人ひとりについて、さまざまな「ジェンダー要素の配分比」があって当然だと思います。その「配分比」によってセクシュアリティも違ってくるし、配偶者に求めるものも違ってくるし、政治イデオロギーや市場でのふるまいも変わって来る。

実際に僕たちはその事実をよくわかっていて、自分自身のジェンダー・バランスに合ったパートナーや仲間を探し出して、日々をそれなりに愉快に過ごしているんじゃないでしょうか。ただ、その心的傾向を自分の内部における「ジェンダー・バランス」という言い方では表現しないだけで。

切りがないので、今日はこの辺にしておきますね。ではまた。

２０２１年11月21日　内田樹　拝

第8便

la huitième lettre

「母性」なるものをめぐって

第8便 A

母性活性化スイッチ

三砂ちづるより

内田先生

こんにちは。お便りありがとうございます。少子化が社会問題になって、その対策をすればするほど少子化が進む、という最後のお話がずっしり、胸に残っています。

「それはたぶん「子どもを産む」という本来人為の及ばない、自然との共同で行う営みを社会的な「効用」と相関させて、人為に従わせようとする態度そのものが母性の活性化を傷つけるからではないでしょうか。」と書かれていました。本当にそうです。

「母性の活性化」、という言い方、いいですね。

以前のお便りでは、男性性、女性性、というものは、あるいは「父性」、「母性」というものは、性別にかかわらず、全ての人たちが持っている、と書いてくださっていました。

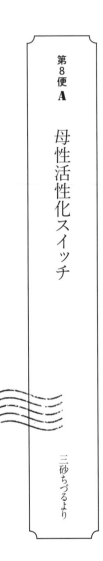

ある条件の元では「母性」が活性化する。例えば、内田先生は父子家庭になってから自分の中に豊かな母性が存在することを「発見」なさったのだという。母性とは、「活性化」したり、「発見」されたりするものなんですね。もちろん父性もそのように、活性化したり、発見されたりする。今、ここに、あるか、ないか、ではなく、あれ、知らなかったけど、こういうことが自分のうちにあったんだ、と気付かされるようなもの。

「母性」なんか、ないんだ、そのように、ない「母性」を押し付けられて、女性たちが抑圧されてきたんだ、という文脈で、長いこと語られてきました。人文科学、社会科学の分野では「母性」ということを口にするだけで、顰蹙を買うような雰囲気がありました。今もあると思います。私が仕事をしてきた、公衆衛生や地域保健、国際保健、といった医療の関わる分野では、「母性」という言葉は、よく使われていました。母子保健、つまりはお母さんと赤ちゃんの保健に関する分野のことは、英語でMaternal and Child Health、と言います。ＭＣＨと略されたりします。Child Health の方は、小児保健、Maternal Healthの方は母性保健、と言われていて、「母性衛生学会」とか学会の名前にもなっています。だからあんまりタブーじゃないと思います。といっても、だから、なんなの？ という感じですよね。たかが学会の名前、されど、学会の名前、80年以上続いてきた「民族衛生学会」はさすがに時代錯誤であるいうことになり、「健康学会」と名前を変えました。だから「母性衛生」も変わるかもしれませんが、少なくともここまででは、話題になってきませんでした。ともかく、医療の分野は別にしても、「母性」は押し付けられることで、女性を苦しめているもの、ということになっています。

でも、「母性」って、もともとなくても、ないと思っていても、「活性化」されたり、「発見」されたりするものなんですよね。そもそも、自分のありよう、って不変のものじゃなくて、いつも移ろっているもので、一体どれが本当の自分か、なんて、わかりません。今の時点でできないからといって、将来の自分もできない、ということではない。人間が変わっていって、キャパシティーが大きくなること、違う方向に成長していくことって、いつ何どきでも起こりうることですから。学生さんが、「今、自分一人だけでも大変なのに、これで結婚して結婚相手ができたり、子どもができたりしたら一体どうしたらいいのかわからない」とかいうので、いやいや、心配ないです、結婚したり、子どもができたりしたら、自分のフェーズが変わり、今の自分と同じではないですから、今の自分と同じだと思わなくていいです、みたいに返事してきました。一人で仕事をしていた時には、3時間かかっていた書類作りの仕事が、子どもが産まれると、なぜか30分くらいでさっとできるようになった、みたいなことって、誰でも経験しているのではないでしょうか。人間って変わるのです。

だから、「母性」が今、なくても、いい。でも、今、なくても、今後、発見されるかもしれないし、活性化されるかもしれない。「母性」は女性にも男性にも全ての人にあるけれど、やはり女性の体を持っていると、「母性」は発現しやすい仕組みになっている。「母性」にはスイッチみたいなものがあって、今まで全く考えたこともなくて、子どもの育て方なんてさっぱりわからなかったけれど、ある出来事で、まるでスイッチが入ったように、子どもが育てられる親になったりする。これは、スイッチによって母性が「活性化」されたんですね。内田先生も、お子さんと「二人世帯」になった時点で、あるいはなんらかのきっかけがあって、あるいは、徐々に、「活性化」スイッチオン、となった、というわけです。

私はずっと出産にこだわってきたんですけれど、それは、やっぱり出産というのが、ものすごく重要な「母性活性化スイッチ」であり得るからなんですね。いわば、スイッチNo.1。助産婦さんの話を聞いていると、お産した女性は一瞬で変わる、っていうんですね。妊娠中は大丈夫かなあ、この人、みたいに思っていても、出産を経て、がらっと変わって、しっかりしたお母さんになる、ということが、よく、ある。いくつも助産所や産院の手記を読んできましたが、出産直後に書かれた文章は、まさに、踊っています。「痛いけど、気持ちよかった」、とか、「こんなに人に受け止められた、と感じられることは初めてだった」とか、「陣痛の合間には、引き込まれるように眠たくなった」とか、「宇宙の塵になったみたいに感じた」とか。理性では理解できないようなインパクトの高い経験がいくつも記されている。そして、急に社会性が出てきたりするのです。「日本の皆さん、この素晴らしい助産婦さんを次の世代に残すために学生実習は受け入れてあげてください」、とか、「私の産んだこの子が生きていく世界をより良いものにしたい」とか話が大きくなっていきます。また、「子どもがかわいくてかわいくてしかたない」、「ああ、またすぐもう一人産みたい」みたいな感じにも、なる。自然なお産、というか、自分の体を使って、赤ちゃんの力を信じて産んだお産、というのは、とにかく「母性が活性化する」。その言葉がぴったりです。

活性化した母性を使って子育てすると、ラクなんです。そりゃそうです、今までなかったもの、ないと思ってたもの、が急に活性化したんだから、その活性化モードに乗っていればいい。日本の助産師さん、とりわけ開業助産師さんたちはそういうことがよくわかっているから、できるだけ女性にそういう、自分の体を使い、赤ちゃんの力を生かしたお産の経験をさせてあげられるように尽力なさっておられるわけです。そうはいっても、今は、出産とは、できるだけ医療管理された場で行うことこそが良いお産、という理解が広がっているし、産む側にも、自分の力で産む、とかあまり考えない人も増えてきたので、自分の力と赤ちゃんの力を最大限活かしてスイッチNo.1をオンにできないまま赤ちゃんを迎えることになる人だって少なくない。そこでまた、助産師さんたちが、できるだけスイッチオンになるように、あれこれがんばってくださっている。助産師、っていう職業は、「母性活性化」職能集団なのかもしれない。

そこでスイッチNo.2、母乳哺育です。ああ、でも、「母乳」、っていうだけで、これまた「母性」みたいな拒否反応が広がるこの国は、本当に大変です。母乳の、健康上、母子関係上のアドバンテージはあまりにも明確で、ゆるぎはありません。当たり前です、哺乳類ですから。でも生まれたばかりの赤ちゃんを、新生児室とかに連れて行って、お母さんと物理的に離すと、母乳は出なくなる。だから世界中で、生まれたての赤ちゃんはお母さんと「母子同室」なんですけど、日本は、なんの科学的根拠もない新生児室がどこにでもある、という奇妙な国で、それこそ世界中では、小児科医のドクターたちが粉ミルクの商業主義に反対して、母乳哺育推進にがんばってきたものですが、そういう話も日本ではあまり聞かないですね。大体、母乳で育てると、本当にラク。ミルクを買う必要も、哺乳瓶を消毒する必要もないし、何があっても母親さえいれば赤ちゃんは大丈夫、という状況は、この災害の多い国にあって、安心を提供してくれます。完全母乳で育てていると、出産でオンにならなかった人も、夜中におっぱいを吸う赤ちゃんと二人で時間を過ごしていると、「母性活性化スイッチ」No.2が入って、何の理性的な理由もないのに、赤ちゃんが可愛くてたまらなくなったりして、それで、またそういう状態になると赤ちゃんといる時間が愛おしくて、楽しくなって、子育てがラクになり得る。結構パワフルなスイッチです。

出産でもオンにならなくて、母乳でも育てられなくて、という時には、母性活性化スイッチNo.3、「おむつなし育児」の出番があると思います。スイッチNo.1もNo.2も女性の体に根ざしたことですが、No.3は、違います。そしておそらく、No.1とNo.2はパワフルだけど、そこが機能しなくても、「おむつなし育児」をはじめとしてきっといろいろ隠れたスイッチがあるのです。おむつなし育児って、別に私の発見でも発明でもなく、人類が昔からやっていたことなのですが、これに、おむつなし育児、という名前をつけて、改めて母子保健研究の俎上に載せ、トヨタ財団とか文部科研とかから助成してもらって2009年ころから研究しまして、そのシンポジウムで内田先生にもお話ししていただいたことがありますね。その節は、本当にありがとうございました。

おむつなし育児、とは、おむつを全く使わない育児、ではなくて、「赤ちゃんがおしっこ、うんち、したそうなことに気づいたら、おむつを外して、おむつの外でおしっこ、うんちさせてあげる」ことです。世界人口の3分の2くらいがいまだにこうやって子どもを育てていると言われるし、日本もふた世代前まで、ごく普通にやっていたことで、「しーしーとーとー」とか、縁側で赤ちゃんをささげておしっこさせてあげることに既視感がある世代もまだ生きております。大体、この「気づいた時にはなるべくおむつの外で」排泄させるようにしないと、布おむつの洗濯は大変過ぎますから、紙おむつのなかった頃の親は、できるだけ、おむつを汚さないように、おむつの外で排泄させていたものなのです。これがね、男女を問わず、結構、「母性を活性化」させるところがあるようなんですね。だから母性活性化スイッチ、No.3。

野生の菌を使ってパンやビールを作っておられるタルマーリーの渡邉格さんは、赤ちゃんが朝起きた時、おむつを外して庭に連れて行ってシャーっとおしっこしたのを見て、うわー、おもしろい！　と思った、ウンチしたそうな時にオマルに座らせると、ウンチしてくれた、この瞬間に感動が湧き起こって、すごい、おもしろい、育児が楽しい、と思えた、と、おむつなし育児で「母性活性化スイッチ」がオンになった瞬間について、著書『菌の声を聴け』[*1]で、的確に描写してくださっております。

タルマーリーさんのことを最初に伺ったのは、隣町珈琲で平川さんと三人でおしゃべりしていたときに、内田先生が「タルマーリーのパンレスキュー」の話をなさった時のことでした。新型コロナパンデミックの影響で、丹精込めて作られたタルマーリーのパンがどうしても売れ残りそうな時に、「うちに送ってもいいよ」と登録しておくのが「パンレスキュー制度」らしくて、内田先生はそれに入っておられて、パンを受け取った、という話をされていました。それなら私も入ろう、と思って、タルマーリーのパンレスキューを申し込んだら、渡邉麻里子さんから電話がかかってきて、「三砂先生！　おむつなし育児の本、読んでます！」って、言ってくださって、そこからタルマーリーさんたちが今活動なさっている鳥取県智頭町とのご縁の糸が、ささ、と伸びてきたのです。２０２１年は10月11月と続けて智頭町に行って4回も講演会をやったり、町が場所を提供された助産院に泊まったりすることになりました。「森のようちえん」、「サドベリースクール」のある智頭町には、移住して母性活性化スイッチオンになった男女がたくさんいて、なんだか楽しそうに暮らしてらっしゃいます。お子さんが3人、は普通で、4人、5人という方もおられる。そういうところですから、ぜひ、生まれるところからこの街で……ということで助産院もできたのです。なんだかとてもおもしろいことがあれこれ、進みつつあって、目がはなせません。春には、タルマーリーさんがカフェや宿泊できるところをオープンされるそうで、楽しみですね。

でもね、スイッチ1も2も3も、パワフルではありますが、別に、なくてもいいし、必要不可欠でもない。それぞれの人にはそれぞれの別の活性化スイッチがあり、それはスイッチとして意識すらされていなかったかもしれない。スイッチ、という言い方のようにパッとついたりするものではなくて、段々に活性化していったのかもしれない。だからこれらのスイッチにこだわらなくてもいいのですが、でもやっぱり経験的にスイッチになってるものは、使えればラクなんですよね。

今は逆です。女性にとって負担だ、という言い方で、自然なお産も、母乳哺育も、おむつなし育児も、「一層手間がかかって女性に負担をかける」ということになっている。で、結果としてどうなるかというと、母性のスイッチが入らないままでの子育てを女性と家族がやることになって、それこそが本当にしんどいことなのではないか、と思うのですね。

ついつい、こういうことだとやっぱり饒舌になってしまうのですが、ひとまずここで筆をおきますね。

２０２１年12月29日　三砂ちづる拝

＊１　渡邉格・麻里子『菌の声を聴け』ミシマ社、２０２１年。

第8便 B

「〈それ〉を何と呼ぶか」よりも、「〈それ〉をどう扱うか」

内田樹より

三砂先生

こんにちは。内田樹です。お手紙ありがとうございました。

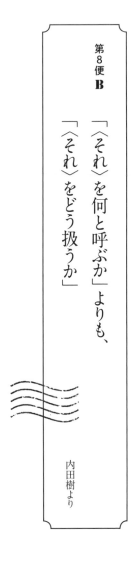

母性の話は三砂先生と最初に知り合った時から、ずっと続いている話題ですね。僕と三砂先生はこの件についてはだいたい同意見だと思いますけれど、それでも「母性」について発言すると、三砂先生がお書きになっている通り、しばしば論争的なことになります。なにしろ「母性などというものは存在しない」と断言する人たちが一方にいて、「母性を実体化して語ること自体が臆断である」と言われてしまうと、対話がなかなか成り立ちません。

でも、僕はどんなことについても「それは原理の問題ではなくて、むしろ程度の問題ではないのか」というふうに吟味することを習慣にしていますので、「母性問題」についても同じように接近してみたいと思います。つまり「母性なるもの」が実体としてあるかどうかは確定できないけれど、「母性」の機能というものは経験的には存在する。だから、「母性なるもの」が何であるかを論じるよりも、「母性の機能」のどういうところが危険で、どういうところが有用なのか、どういうところが不毛で、どういうところが豊穣なのかについて、経験的にわかっていることをていねいに腑分けしてゆく。そういう作業の方が生産的なのではないかと考えています。

問題になっている概念をまず一意的に定義してから話を始めようという人がいますけれど、僕はそういう人とはうまく話が嚙み合いません。無理だと思うんです。だいたいある概念が「問題になっている」という事実から推して、その概念については複数の「氷炭相容《ひょうたんあいい》れざる」定義がすでに並立しているわけですよね。それについて「まず概念を一意的に定義してから」というわけにはゆきません。それは「結論を出してから、議論を始めよう」というようなことなんですから。

僕は学校教育について論じる時に「学校教育の目的は子どもたちの成熟を支援することである」という定義から出発しますけれど、この定義はまだ一般性を獲得していません。だから、「あなたの『学校教育』の定義は間違っている」という人も当然います。そういう人と教育を論じる時に（あまりそういう機会は訪れませんが）「一意的な定義をしてから」というわけにはゆきません。

母性もそれと同じだと思うんです。僕にも母性とは「こんなふうなものだ」という考えがあります。でも、それは僕の個人的なとらえ方ですから、一般性を獲得していない。それがある程度の広がりを獲得するまでにはまだまだずいぶん時間がかかるだろうし、もしかしたら、まったく広がりを得られないかも知れません。でも、だからといって諦めるわけにはゆきません。実際に母性の危険と生産性についてはともに経験知があるわけですから。それを語ることを「止めろ」と言われても困る。いろいろな人のいろいろな経験知を「パブリック・ドメイン」に並べておいて、必要な人はいつでもどれにでもアクセスできるという状態を達成するというのがとりあえず望みうる割とましな事態ではないかと思います。

アルベール・カミュの『ペスト』はパンデミックになってからずいぶんたくさん読まれました。僕もこの間に出た新訳を二つ読んで（中条省平先生と三野博司先生の訳）、改めて「深い物語だなあ」と思いました。

その中に感染初期に、この感染症はペストか否かについて専門家たちが議論する場面があります。行政官はもちろん判定に慎重です。都市封鎖になるわけですから、判定をつい先延ばしにしがちになる。法に定めた感染症対策を発動するためには、この流行り病がペストであるかどうかを確定することが必要だと人々は主張します。その中にあって、物語の語り手である医師リウーだけはただちに防疫対策を講じることを提案します。「君はこれがペストだということに確信があるのか？」と問われたリウーはこう答えます。「それは問題の立て方が間違っています。これは言葉の問題ではなくて、時間の問題なのです。」（Albert Camus, La Peste, in *Théâtre,Récits,Nouvelles*, Gallimard, 1962,p.1258）「これは言葉の問題ではなく、時間の問題なのだ（Ce n'est pas une question de vocabulaire, c'est une question de temps)」。

言い換えると「これは原理の問題ではなく、程度の問題なのだ」ということです。自分たちが直面している疫病が「何であるか」を確定するよりも、その疫病に感染する死者を「一人でも減らす」方が優先する。

今回のパンデミックでも、何人かの医師から「私たちは病気を相手にしているのではない。患者を相手にしているのだ」という言葉を聴きました。

母性の問題も、それと同じ筆法で論じるべきではないかという気がします。「〈それ〉を何と呼ぶか」ということよりも、「〈それ〉をとりあえずどう扱うか」の方が優先する。現実に〈それ〉で苦しんでいる人／それで救われている人がいる以上、その苦しみを軽減し、悦びをもたらす手立てを実践する方が時間的には優先する。

目の前にある現実をどう呼ぶのかというのは、恣意的な記号操作です。例えば、虹のスペクトルを日本人は7色に分節しますが、これを3色に分節する言語集団も存在します。日本語でも、「青」という色は自存するわけではありません。僕たちは「青」と「緑」を厳密には切り分けていません。交通信号は「緑」色でも「青信号」と呼ぶし、木が茂っている状態を「青々と茂っている」と言います。

男性と女性、父性と母性も、それに似ていると思います。現実には、ジェンダーというのはアナログ的な連続体であって、それを二項対立的に切り分けているのは、あくまで「便宜的に」です。性差は現実そのものであるのではなく、現実を記述し、解釈し、変成するための記号だということです。

「ペストだ」と命名すれば、法律が適用されて都市封鎖がされる。命名しなければ都市は封鎖されない。でも、人間が名づけようと名づけまいと疫病がそこに存在して、人を殺し続けることに変わりはありません。ペスト菌は法律も行政区分も認識しませんから。だったら、名前をつけることよりも患者を救う方が先だろうと僕も思います。

僕が「原理主義者」ではなく、「程度問題主義者」であるのは、要するに虹のスペクトルなんて、いくらでも好きに分節すればいいと思っているからです。虹を2色に切り分けたいという人がいたら、「好きにしたら」と言います。でも、色彩名詞について言えば、分節の仕方が複雑で豊かな言語集団の方が、わずかの色彩名詞しか持たない集団よりも文化的に「豊か」であるということは間違いありません。もちろん色彩名詞が多いと面倒です。「浅葱色《あさぎ》」とか「瑠璃色《るり》」とか「茄子紺《なすこん》」とかは文字の画数も多いし、色を同定するのにもそれなりの経験が要ります。でも、「面倒だからいやだ。『浅葱色』なんか『青』でいいじゃないか」というような「合理主義者」の言い分にうっかり頷くわけにはゆきません。

ジェンダーについても僕は同じように「文化的な豊かさ」を配慮したいと思っています。前便でも書きましたけれども、僕は一人の人間の中においても、一人ひとりに個性的な、異なるジェンダー・バランスが「配剤」されているような気がするんです。

僕は子どもの頃、平川君と親友になるまでは、親しい友だちは女の子ばかりでした。そのあと自分の男性性を意図的に強化しようと努力しましたけれど、父子家庭になって「母親」を演じるようになったら、自分が「母であること」を楽しんでいることを発見しました。

ですから、同じように、自分の社会的な高い能力を最大限に発揮して、競争社会で男たちと戦って、のしあがることに高揚感や幸福を感じる女性もきっといると思います。家族や下僚に対して家父長的にふるまうと「気分が落ち着く」という女性だってきっといると思います。それでいいと思うんです。要するに「いろいろあるよね」ということで。

でも、それがなかなか許されない。どれか一つに「型」を選んで決めろとせっつかれる。僕はそれ嫌なんです。僕たちの文化において、性差、特に女性性がことさらに記号的に強調されるのは、それが記号だからだと思います。男たちの多くは、現実に目の前にいる女性ではなくて、その女性が記号的に表象する「意味」を欲望したり、所有したり、格付けしたりする。そういうふうに記号的にふるまうことが「男性性」の記号だからであるという「入れ子構造」になっている。ややこしいですね。

性に関しては、しばしば記号の方が現実よりリアルです。記号の方が強い「現実変成力」を発揮することがある。それは記号作用を介在させないと、性差というものが複雑すぎて手に負えないからだと僕は思います。複雑な現実を複雑なままに扱うことができないので、しかたなく話を簡単にする。あらゆる場合に僕たちがしていることです。それと同じことをジェンダーの場合でも適用している。

でも、僕は経験的には、複雑な現実は複雑なままに扱う方が話は早いと信じています。これはカミュが言う通り「時間の問題」なんです。

娘と二人暮らしが始まった時に、まず三食を僕が作らなければならなくなりました。その時に「男が家事をするとは、どういうことなのか」というような意味づけとかどうでもいいわけですよね。現に目の前にお腹を減らせている子どもがいるわけですから。美味しいものをさっさと作って食べてもらうことが最優先する。「言葉の問題じゃなくて、時間の問題なんだ」というのは、すごく平たく言うとそういうことじゃないかと思います。

プラトンが『饗宴』の中で、太古男女は「三種類いた」という話をしています。男男・男女・女女の三種類いたんだそうです。顔が二つ、手足が八本、性器が二つで単体を形成する。図像的にはかなり想像しにくいですけど。この生き物はたいへん力が強く、傲慢にも神々に対して挑発的であったためにゼウスはそれを懲らしめて、これを二つに切り分けた。そのせいで、すべての人間はかつての自分の半身を求めるようになった、という話です。もとが男男の場合は男と男が求め合い、もとが女女では女と女が求め合い、もとが男女では男と女が求め合う。プラトンはこの切り裂かれた半身が残る半身を求める激しい欲望を「エロス」と名づけました。

果たしてプラトンの時代に、この神話がどれほどのリアリティーをもって語り継がれてきたのか、僕には想像もつきません。でも、「男性女性の二種類しかない」という性差についての見方よりも、この話の方がなんだか開放感があると思いませんか。僕はプラトンはこの話をしながら、ジェンダーを過度に二項対立的に、つまり記号的にとらえる態度を諫めていたのではないかという気がちょっとするんです。

ああ、今日もまた話がひどくとっちらかってしまいました。すみません。でも、お返しに三砂先生も、もっともっと話を散らかしてくださって結構ですよ。あとで二人でのんびり回収しましょう。

ではまた。

2022年1月27日　内田樹拝

第9便

la neuvième lettre

複雑な現実は
複雑なままに

第9便 A

人間が太古から物語を使って行ってきたこと

三砂ちづるより

内田先生

こんにちは。

新型コロナパンデミックがまだ続いています。3回目のワクチンを打ちました。2回目のワクチンの後もきつかったのですが3回目も39度の熱が二晩出て、リンパ節やら胸やらが痛み、なかなかのものでした。普通なら副作用と訳されるAdverse effectを「副反応」と訳していますが、そもそもAdverse effectは文字通り訳せば、有害作用、です。せめて、普通に副作用と呼びたいです。けっこうな副作用を普通に健康な人が経験しなければならないのも、なかなか厳しい。打てば、絶対感染しませんよ、というようなワクチンではないし。それでも、入院や重症化、死亡は減らすことができそう。変異株への効果がわかる

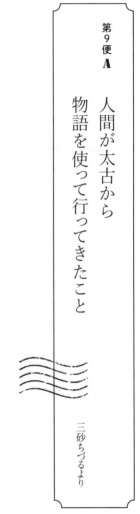

のはこれからですし、どのくらい効果が継続するのかがはっきりするのもこれからで、まだはっきりしていない。

でも、それはそうです。世界で初めてでてきたウィルス、しかも変異し続けるウィルスに対して、わからないことだらけでも、なんとかできることをやろうとしているわけですから。エアロゾル感染であることが認められて、エアロゾル感染とはほとんど空気感染ということで、だれでもどこでもかかりうる病気ですし、しかも致死割合はそれなりに高い病気なのですから、もう全力の対策を打つしかありません。世界中で、やっております。そして、その切り札の一つが、このワクチンなのですから、できるだけたくさんの人に打ってもらうしかない。大きなレベルではそういうことです。個人的なレベルでも、国際保健の仕事で海外に出ていく(具体的に言えば来月、エルサルバドル・メキシコに行きます)ので、少々副作用がでようが、打つ必要があります。でも、しんどかったです……。

まあ、自らを守るためのワクチンで、短期的に結構つらい目をするのは、既視感があり、今では、生涯に一度打てば良くなった黄熱病のワクチンで経験しています。今まで渡航してきたブラジルやコンゴDRCでは黄熱病のワクチン接種が義務付けられる時期もあり、このワクチンを10年に一度打つ必要がありました。人生で3回打っていると記憶していますから、こういう国と30年は行き来してきた、ということです。これがまたなんというか、めんどくさいというか、ワクチンを打って一週間してから副作用が出ます。普通、予防接種を打って一週間もすれば、打ったことを忘れます。忘れた頃に、体調が悪くなる。こちらも毎回、一日二日は寝込むほどだったと記憶していますが、毎回、びっくりします。あれ、なんで体調悪いの？　あ、そうだ、一週間前に黄熱のワクチン打ったんだった、という感じ。

それでもこれらの症状は良くなります。良くならない症状が長期的に残る、と疑問を持たれているワクチン、しかも、空気感染でもなく誰でもがかかりうる病気ではないような、さらに他の予防手段があるような病気のワクチンについては、本当に打たねばならないのかというとそれはまた別の話だ、と思っていますから、この新型コロナワクチンを打つことが重要になっている今、他のワクチンも同様に接種が推進できるか、というと、そういうわけではないだろう、とは思っています。

それにしてもそれなりに世界中で使うことができるようなワクチンがこのスピードでできたことで、パンデミックが始まった頃に少なくとも3年はかかるだろうと言われていた収束への道のりは、早回しになったと思います。早回しになってもやはり3年弱かな、という感じはしますね。治療薬も世界中で研究されてはいますがこれこそ切り札、と言える治療薬がある、とはまだ言えないですしね。

言及されていた、カミュの『ペスト』、私もあらためて新訳を読みました。あらためて、今またベストセラーだそうですね。見事すぎるフィクションです。この時代にペストは流行っていないはずだよな、と、わかっていながらも、つい、いや、ほんとはあったんじゃないの、と思わされるような、まことに見事な「感染の記録」で、語り手の存在は最後に明かされるのですが、その緻密さに驚かされます。

ペストには、開発されたワクチンがありません。でも今は抗生物質によって治療できることがわかっているので、それほど怖がられていないかもしれませんが、世界からなくなったわけでは全くなくて、アジア、アフリカ、ラテンアメリカなどでは2000年以降も地域的なアウトブレイクが起こっています。でも、ヨーロッパとか先進国で起こっていないから、話題にもなりませんよね。COVID-19がこれだけ大変なことになったというか、あっという間に世界中で問題視されたのも、中国で最初に発見された後、主に先進国、と呼ばれる国々で感染が広がり、多くの死者が出た、ということがあります。現代の世界の三大感染症というのは結核、マラリア、HIV／AIDSで世界で年間240万の人が亡くなる、と言われていました。これらの三つの病気はコントロールの方法がわかっているわけです。結核には、BCGワクチンもあるし、治療薬がある、マラリアもとにかく蚊をコントロールすることが大事だとわかっているし治療も可能、HIV／AIDSはワクチンは結局できていませんが、発病を抑える薬はありますし、何よりコンドーム等で予防できる。

でも、いわゆる途上国で、これらの病気は全然コントロールできていない。ということは、お金があればできるのだから、やらなければならないことがたくさんある、ということです。それでも先進国の多くはこれらの病気に冷ややかです。自国の問題では、もはや、ないから。これらの感染症を専門にしているヨーロッパ在住の国際保健の友人は、COVID-19感染拡大の初期に、「ヨーロッパで広がる病気だったら、これだけ騒げるんだな、と、つい思ってしまった」と言っていました。そうですね。

「複雑な現実は複雑なままに扱う」と書いておられました。近代医学の功績って外科手術の洗練とか抗生物質の発見とかいろいろありますし、また、功罪、という形で批判をされてもいますけれど、私は近代医学の最も重要だった点というか、素晴らしいところは、「病気をその人のせいにしない」ということだったと思っています。それは、「目の前の患者をただ、患者として扱う」ことで、お書きになっておられるように医師たちの「病気を見ているのではない、患者をみている」という態度に、連綿と静かに引き継がれています。

近代医学は、病気の原因は、ウィルスや細菌などの微生物である、といいました。あるいは、「ストレス」とか、何らかの物質に対する「アレルギー」とか……。あるいは染色体異常とか、放射性物質とか。とにかく、その人のうちに原因があるのではなく、病気というのは何らかの形で、外からその人にそれこそ「不条理に」おしつけられたものである、という理解。その人が悪いのではない。それ以前は、病気というものはもっと包括的な、全人的な、霊的な、そんな捉えられ方をしていたと思います。その人の心がけが悪いからだ、ちゃんと先祖を祀らないからだ、生き方に問題があるはずだ、懲罰として病気があるのだ、等々。『ペスト』に出てくるパヌルー神父も当初そのように「罰としてのペスト」を説いていますね。いやあ、ひょっとしたら、そういうこともあるんじゃないか、と、現代人でも時折思うような気もするけど、近代医学では、そんなことは問題にしないことにした。病気になった人を、責めない。病気をその人のせいにしない。病気はその人のせいではない。その病気になった患者の、「今」だけにむきあい、その患者を治療しようとする。

そのような態度に、どれほど救われているでしょう。だからこそ、具合が悪くなると、気軽に病院に行けるのです。具合が悪くて病院に行って、「あなたはガンだが、こうなったのはあなたの心がけが悪い」とか、「脳梗塞を起こしたのは、先祖を大事にしないからだ」とか、「原罪としての感染症だ」などと責められたりしたら、それでなくても病気で具合が悪いのに、もう、救われなくて、つらい思いをするだけになりますが、そんなことは、近代医療の病院では、絶対に、ありません。そんなことを絶対に言われないからこそ、病院に行けるのです。具合が悪くなったり病気になったりするのは、自分が悪いのではない。何か自分の外に何か原因があったのだから、それを取り除いてもらったり、治療してもらったりしに、病院に行く。近代医療のもとに助けを求めれば、あなたがどういう人間であるか、どういう過去の持ち主であるか、ということを問われることはなく、「今このように具合の悪い患者」として、今の状態をよくしよう、と接してもらえるだけです。それは、まことに、素晴らしいことです。

昨今は、生活習慣病、という言い方もされるようになりましたけれども、近代医療の担い手である医者の役割は、患者の生活習慣を治すところにはありません。そもそも、生活習慣というか、その患者の食生活のアドバイスとか、生活改善のアドバイスとか、できるような教育は医学教育課程には、ありません。そんなことまで医者に求めないでほしい。医者としては一応言った方がいいから、「暴飲暴食やめましょうね」とか、「早く寝ましょうね」とか言ってくれるだけです。医者の仕事は、おそらく今までの生活習慣に原因があったのかもしれないけれど、そんなことより今目の前の患者の問題である糖尿病とか、心臓疾患とかについて、さまざまな手持ちの治療手段を駆使して、今の苦しみを和らげようとすることです。

近代医療のいわゆる患者に接する部分、つまり、臨床医学、と呼ばれる分野はそういうことなのですが、患者ではなく、「集団」の健康を扱う公衆衛生もまた、近代医療の枠組みの中にある分野です。疫学は、公衆衛生の最もパワフルな診断道具でありますが、こちらも複雑な現実は複雑なままに扱う、が徹底しており、例えば、食中毒で考えるとわかりやすいのですが、病因物質はわからなくても、原因食品を特定しようとします。つまり、それがサルモネラが原因か、カンピロバクターが原因か、わからなくても、「このソーセージが」とか、「このサンドイッチが」、とか「この辛子蓮根が」とか、原因食品をまず、特定して、対処していくのです。その方が、現場の対処としては、病因物質特定より急がれることだからです。

19世紀のイギリスの医者、ジョン・スノウは1854年、ロンドンにおけるコレラの流行に際して、初めて、流行曲線と、患者の家をプロットした地図を作ります。流行曲線というのは、今、COVID-19パンデミックで我々がほとんど毎日ニュースで見ている、何年何月に何人の感染者、という、あのグラフのことです。ジョン・スノウはそのグラフを作り、さらに、これらが流行しているソーホー地区の地図に患者の家をプロットしていきました。そうすると、クラスター（って、有名な言葉になってしまったから、説明不要ですね）が見えてきます。そのプロットした地図から、ジョン・スノウは、ソーホー地区の、ある井戸の水が感染源であることを突き止め、感染をコントロールしていきます。

当時、コレラの原因はわかっていませんでした。瘴気とかミアズマとかよくわからないものが媒介すると思われていました。コッホのコレラ菌発見は1883年ですから、それより30年も前に、「病因物質」はわからなくても「原因物質」が「井戸の水」であることを突き止めた。このジョン・スノウの仕事こそが、近代疫学の始まり、と言われています。つまりは、臨床のみでなく、集団の健康を相手にする公衆衛生でも、複雑な現実は複雑なままに、その「現場の対処」を進化させてきたのです。

原因を探すのではなく、病因をさがす。病因をさがすいっぽう、臨床の現場では目の前の患者をみる。目の前の患者の苦悩をとろうとする。まさに、複雑な現実は複雑なままに扱う。

そのようなブリコラージュなやり方は結局、どこにいきつくのか。それぞれの苦悩を取り除こうとする現場こそが尊重される。それでよいのです。でもそうしていると、今の私たちは使えるものがいっぱいありすぎるようになってきた。科学技術で提案できることがありすぎて、次々に「目の前の人の苦悩」を取り除ける気になるからです。

李琴峰さんの『生を祝う』は素晴らしい小説でした。科学技術の進歩と、同時に、内田先生のお書きになっている「複雑すぎて手に負えないから記号作用を介在される」しかなくなっている性差やセクシャリティーに関する「記号の現実変成力の強さ」について、しみじみと考えさせられるフィクションです。今からおおよそ50年後くらいの社会、外国人との共生も、同性婚も、同性婚でお互いの遺伝子を持った子どもを持つことも、安楽死の合法化も、実現している。死の自己決定権を手に入れた後に人間が向かった先は、「生の自己決定権」で、生まれる前の胎児に出生意思の確認をする「合意出産制度」ができた時代の話です。それこそ記号として正しい「生まれない権利」や「生の自己決定権」が、現実を変えてゆく。臨月の妊婦は全員、胎児の意思を確認し、胎児が生まれたい、という返事をしないと、合法的に出産できない……。妊娠出産に関わる、目の前の人の苦悩を取り除いて行った果てに、そして、どう考えたらいいかわからないから、介在させたさまざまな記号が現実を変えていく力の強さに任せた、あり得る未来が展開されています。

カミュが『ペスト』を書いた頃、ヨーロッパでは200年以上ペスト流行が起こっておらず、実感はない病気だった。カミュがペストをフィクションとして書くことができたように、そしてその力量が、現実にパンデミックに見舞われている私たちに多くの示唆を与えてくれるように、フィクションの世界にこそ、リアリティが見えてくる。現実の苦悩に対処しつつ、同時に概念を使って良いように対応しつつ、「物語」、つまりは、フィクションに、その先の世界を垣間見せられる。そのことによって、ああ、リープしすぎってあるよな、と思いながら、フィクションの展開する先の、らせん状に続く人間世界の思い切り遠くに、振れる、先、をみる。ううむ、やりすぎなのかもしれないから、もう片方の極も残そうとする。

具体的にいうと、妊娠、出産について、このような最先端、すなわち体外受精、胎児診断、胎児の「意思確認」、その対処についてのカウンセリング、とか、いろいろ進んで行くと同時に、極北であり得る、「人間は勝手に増えるものだった」という妊娠、出産のありかたこそ、記録され、フィクションにして展開されておくのがよいのかもしれないです。

これは実は、人間が太古から、物語を使って、行ってきたことと同じかもしれません。このらせん状のありようが、高みに向かっているのか、地の中心に向かっているのか、私たちには知るすべもありません。

ところで、話は全く変わりますけど。お手紙に、日本の色の名前のことが書かれていましたね。「青」と言っても「浅葱色」とか「瑠璃色」とか「茄子紺」とか……と。本当にいいですよね。きものを日常着にしてもう20年になるのですけれど、きものを着てうれしいなあ、よかったなあ、と思うことの一つが、こういう日本の色の豊かさに親しい思いが増し、気持ちをのせていけるようになることですね。一年の8割がた、帯締めは、黄色をつかっています。教師として仕事をしていると、よく着るきものは茶色や藍や黒っぽい紬や普段着が多くなるので、差し色になる黄色い帯締めは、よくあうのです。黄色の帯締めを今数えてみたら、7本ありました。全部違う黄色で、並べてみるだけで美しいグラデーションで、うっとりしてしまいます。色の名前は、黄朽葉《きくちば》、鬱金《うこん》、山吹、支子《くちなし》、浅黄、石黄、蒸栗色。山吹と鬱金はとりわけ気に入っていて、すでにぼろぼろになるまで使ったので、二代目です。季節と、きものと、何よりその日の気分でどの黄色にするか決めます。何という贅沢。ああ、この文化を享受できてよかった、今日をより特別に、楽しくしてくれる、と思う。上野池之端の道明さんの帯締め、いつまでも買えますように、と祈るような思いです。きものの小物のお店が、どんどん無くなっていってしまっていますから。話、散らかしていいですよ、などと言ってもらったので、本当に散らかしてしまいました。今日はこの辺りで。引き続きご自愛ください。

2022年2月23日　三砂ちづる　拝

第9便 B

「真のリアリスト」と「リアリストもどき」を分かつもの

内田樹より

三砂先生

こんにちは。内田樹です。

お手紙ありがとうございます。今回もまことにインスパイアリングな内容でした。お話をうかがって、いろいろと思いついたことがあるのですが、「とっ散らかったまま」に書いてゆくことにします。妙に小細工をして話をまとめないままただ散らかるままに任せた方が話は深まるような気がします。安藤さんは気が気じゃないと思いますけど。

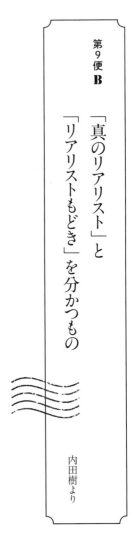

お手紙を読んでいて、思わず膝を打ったのは、近代医学の最も素晴らしいところは「病気をその人のせいにしないこと」だと書かれていたところです。ほんとにそうだと思います。

僕はもともと虚弱な体質なので、よく病気になるんです。身体大きいし、うるさいし、活動的なので、「虚弱だ」と言うと「嘘つけ」と言われますけど、ほんとに弱いんです。病気ばかりしている。昔はひどい頭痛持ちで、よく夜中に頭痛で七転八倒しました。そういうときに、なんとかして痛みを軽減して、眠りを確保しようとして、脳は「物語」を作るんです。それはこの「痛み」が僕の内部に根拠を持つものではなく、「外来の邪悪なもの」だというストーリーです。悪い奴がいて、そいつが「ふふふふ、お前の頭を痛くしてやるぞ」と言って、「痛み」を僕の頭にねじ込んで来る。僕はそれから逃れようとして、身をよじったり、頭に手を突っ込んで「痛み」をつかんで取り出そうとする……そういう夢をよく見ました。その夢のおかげで少しだけ頭痛はその「切迫」度を減じるということがあるんです。自分の姿勢の悪さとか血流の悪さとかが原因で内因的に起きている不調を、「外部から到来する邪悪なるもの」との闘いというふうに読み替えると、少しだけ楽になるんです。

エマニュエル・レヴィナスは、人間にとって最も耐え難い苦しみは「自分が自分に釘付けになっていること」だという卓見を述べています。レヴィナスが採り上げているのは不眠と恥辱と吐き気なんですけれども、これらの不快はいずれも「われわれが自分自身と手を切ることができないことから生じる」ものです。

例えば不眠というのは「眠り方を忘れてしまう」ということですけれども、よく考えると、僕たちは実は「眠り方」なんて知らないのです。いつも気がついたらもう眠っていた。「眠り」は不意に訪れる。だから「私は今眠れずにいる」というふうに今の自分の状態を正確に把握し、精密に記述しても、それによって不眠が亢進することはあっても、眠りが訪れるということはありません。どこかで自分を手離さないと眠りは訪れない。

たぶんレヴィナス自身、子どもの頃から不眠症で苦しんでいたのだと思います（僕もそうでした）。そして、あるとき不眠の苦しみは何かの欠如ではなく、何かの過剰であるということを理解した。「眠る能力」や「眠りの本質についての理解」が欠如しているせいで不眠の苦しみはもたらされているのではない。不眠の根源にあるのは、不眠で苦しんでいる自分をつい観察してしまったり、その原因を探ったり、その病態を仔細に記述したりしている自分自身だということに気が付きます。自我が過剰なせいで、眠れない。どうにかして自我を遠ざけ、自我の支配を弱め、自我への執着を手離さないと人間は眠れない。

僕が頭痛から眠りを奪還するために採用したのは「自我」と「頭痛」を切り離すことでした。頭痛は僕の生活習慣や遺伝形質によってもたらされ、それゆえ僕に製造責任があり、僕にはそれを統御する義務があります。でも、その真実を受け入れると痛くて眠れない。そこでこれは「邪悪なもの」が僕の意に反して押し付けてくる外来の痛みであるとみなすことにした。するといくぶんか痛みが耐え易いものになる。

なるほど、そういうものかと思いました。

ですから、医療でも、医療者と患者が一致協力して、外因性の「邪悪な痛み」と戦い、それを遠くへ押し戻すという「物語」に回収すると、少なくとも患者にとっては、身体的苦痛は一時的にではあれ、その「耐え難さ」を減じることができるんだと思います。

医者が不調を訴える患者に向かって「それ、全部あんたの遺伝形質と生活習慣のせいだよ」と言い放つというのは、たとえそれが事実であっても、やってはいけないことだと思います。

病気の原因はその人のうちにあるのではなく、「何らかの形で、外からその人に不条理におしつけられたものである」というのが近代医学の「癒しの物語」だとしたら、それは長い経験と深い人間理解に基づいて採択されたものだと思います。そういう物語のうちに身を置くことで、患者の気分が楽になり、よく眠れて、食欲も進み、生きる意欲が湧いて、自己治癒力が高まるなら、それは立派な治療法だと思います。

僕はすごく不調な時もお医者さんにかかると、それだけで半分がた治るということがよくあります。特にお医者さんが退屈そうに「よくある病気です」とさらさらとカルテに病名を記すのを見ているだけで、「なんだ、よくある病気なんだ。症例もいっぱいあって、治療法もとっくに確立しているんだ」と思い込むと、それだけで何となく気分がよくなる。近代医療の枠内で治療を受けているんですけれど、まだ処方された薬も飲んでないうちから治り始めるのだとしたら、僕においての「治癒の物語」は立派な「前近代」です。

救急車で搬送されるというのも、それだけでもうかなりの治療行為だと思います。ストレッチャーに載せられて、脈をとられたり、心電図をとられたりして「まないたの上の鯉」状態になると、それだけでもうほっとする。「もうこれからあと僕の病気は僕の手を離れて、医療人たちの管理下に移管されたのだ。もう、僕は自分の病気を自分で管理する義務から解放されたのだ」と思えるからです。統計的なデータがあるかどうか知りませんが、救急車から降りるころには「なんか気分よくなりました。救急車なんか呼んですみません」と謝って家に帰る人って、けっこういるんじゃないでしょうか。

だから、近代以前の医療でも、同じような「患者を救う物語」がいろいろ用意されていたと思います。「あなたの病は霊の障《さわ》りである」というのもたぶんその一つで、これは「だから除霊すれば治ります」というかたちで病苦を外在化する。もちろん悪魔祓いをしても祖霊を供養しても、病気そのものは治りませんが、物語のレベルでは、病気と自分を切り離すことができる。それによって「自分が自分に釘付けにされていることの不快」はいくぶんか緩和されると思います。

三砂先生のお書きになったイギリスの医者、ジョン・スノウの話、ご教示ありがとうございました。「複雑なものは複雑なまま扱う」好個の事例だと思います。「原因物質」はわからなくても「病因物質」がわかればいいというのは、ウイルスの発見と似てますね。僕の頼りない医学史知識によると、19世紀の末頃にロシアのドミトリー・イワノフスキーという人が陶板の細菌濾過器を通しても感染性を失わない「見えない物質」があることを発見しました。のちにこれが「ウイルス」と呼ばれるようになった。

この「見えない物質を発見した」というところが科学の骨法だと思うんです。「観察できないけれども、そこに『観察できない何かがある』と仮定するといろいろなことのつじつまが合う」場合には、「手持ちの観察機器の精度が低いから」という説明は二重の意味で合理的だと思うんです。一つは「そう仮定するといろいろなことが説明できる」からで、もう一つは「そう仮定すると計測機器の精度を高めることへのインセンティブが生まれる」からです。僕は「計測機器の精度を高めることへのインセンティブ」を刺激するということがこういう「見えないものを発見する」という知的アクロバシーの一番生産的なところじゃないかという気がします。

「オレはオレの目に見えるものしか信じない」というのは、一見すると骨のあるプリンシプルみたいですけれど、これで押し通す人においては「オレの目」の精度を上げるということは優先的には配慮されない。「顕微鏡で見えないものの存在をオレは認めん」と言い張る人が顕微鏡の精度向上のために汗をかくという風景はなかなか想像できません。

世に言う「リアリスト」というのは「自分が知っていることの重要性を過大評価し、自分が知らないことの重要性を過少評価する人」というふうに定義していいんじゃないかという気がします。僕はこれを「リアリストもどき」だと思っています。「真のリアリスト」というのは「今はまだ感覚に感知されないけれど、遠からず可知化しそうなもの」や「今は現前するけれども、遠からず消失するもの」を含む広いスペクトラムの中で「リアル」というものをとらえる知的習慣を備えた人のことではないかと僕は思います。

ジョン・スノウやイワノフスキーの例が教えてくれるのは「今はまだその存在を確認する手段がないけれど、『それは存在する』という仮説を採る方が『それは存在しない』という仮説を採るよりも説明できることが多い」場合には、「それは存在する」仮説を暫定的に採用する方が生産的だろうということです。

なんだかややこしい言い方ですみません。でも、三砂先生には僕が言いたいことは分かりますよね。

疫学の話からずいぶん逸脱してしまいました。でも、「リアリスト」とは何かということがとりわけ気になってきたのは、ウクライナで戦争が始まってからです。さまざまな「専門家」たちの話を聞きながら、「真のリアリスト」と「リアリストもどき」の語り口の違いを興味深く観察しています。「自分が知らないことによって世界は満たされている」という無能の自覚の上に立って「今起きていること」「これから起こりそうなこと」を観察している人の言葉に僕はつい耳を傾けてしまいます。

今回も相変わらず話は散らかったままですけれど、まだもう少しいいですよね。安藤さんがご心配されていると思いますけれど、そのうちにちゃんと企画書の線に戻ると思います（希望的観測）。

では。

2022年3月21日　内田樹　拝

第10便
la dixième lettre

「ものすごく気持ちの良いこと」を経験する

第10便 A

自分を手放せること／自立していくこと

三砂ちづるより

内田先生

こんにちは。お便りありがとうございます。お返事遅れてしまいました。申し訳ありません。

2020年春以降、COVID-19パンデミックで、海外に出かけられていませんでしたが、3月にエルサルバドルという中米の小さな国と、初めての北米訪問になるメキシコに数日行きました。メキシコは北米なんですね。ラテンアメリカですけど、北米。つまり北米はアメリカ合衆国とカナダとメキシコ。すみません、ブラジルに10年住んでラテンアメリカはそれなりに知っているつもりだったのに、いまだに、メキシコが北米だ、と知らなかったのです。中米の国だと思っていました。

中米、つまりは、セントラルアメリカと呼ばれる国は、グアテマラ、ホンジュラス、ニカラグア、エルサルバドル、コスタリカ、パナマ、ベリーズの7カ国で、メキシコは北米って、今更にして知りました。アメリカ合衆国にもカナダにも、飛行場のトランジットで降りたことがあるだけで、訪問したことはありませんからメキシコが文字通りの初北米、となりました。今となっては初めて訪問した北米がアメリカでもカナダでもなく、メキシコ、というのは、よかったな、と思います。

公衆衛生の中でも、とりわけ健康格差の大きな国でその格差の把握と受け入れられない格差の解消を模索する国際保健、という分野で仕事をしてきたので、海外に出ることは、もともと、日常の一つでありました。ほぼ2年間、どこにも出かけず、ずっと日本にいる、というのは、20代後半から、初めてのことだったような気がします。２０２２年のゴールデンウィークにかけて、帰国時の検疫がゆるめられましたから、観光で海外に出る人も増えたとは思いますが、3月には、まだ、成田空港はびっくりするくらいガラガラでした。メキシコシティー直行便も、申し訳ないくらい乗客が少なくて、ＣＡさんたちに、実によくしていただきました。お手洗いを使おうとすると、扉を開けて、待っていてくださって、恐縮するばかり。

欧米諸国では、規制がどんどん緩和され、マスクをつけないことも日常になっていると言われた２０２２年春でしたが、エルサルバドルもメキシコも、水際対策自体はそんなに厳しくなくて、ワクチン証明書も陰性証明も出す必要がありませんでしたが、市中では、とにかく、全員マスクをしており、飲食店では、検温、消毒、が励行され、東京で生活しているのとほとんど変わるところがありませんでした。エルサルバドルで親しく働いている国立母子保健病院の二人のスタッフが父親をCOVID-19感染で亡くしていました。パンデミック当初の、この感染による感染致死リスクは大変高かったのです。

エルサルバドルは人口650万弱ですから、千葉県くらい、総面積は岩手県よりちょっと大きいくらい。国としては、とても小さい。ここで、「出産のヒューマニゼーション」という、日本の国際協力のお家芸の一つみたいな「出生と出産の場を、科学的根拠に基づいた形で、よりやさしくする」という、日本の助産師が大活躍するプロジェクトが、2018年から行なわれています。こんな小さな国なのに、1980年代から90年代にかけて、アメリカの介入が深く関わる内戦で7万人以上が亡くなっています。その時代は、エルサルバドルに限らず、ラテンアメリカにおけるアメリカ合衆国の介入は、あまりにも露骨なものでありましたから、当該国の方々のみならず、一度でもラテンアメリカに関わったことのある人は、あの当時のアメリカのありようを、忘れることはないと思います。

内戦の記憶を生々しく留めるエルサルバドルで、次世代がよりやさしい環境で生まれることができるように、という出生と出産の場をよくしようとする国際協力プロジェクトは、先に逝った世代の祈りのような気がします。思えば、この1990年代からJICA（Japan

International Cooperation Agency：国際協力機構）は「出産のヒューマニゼーション」プロジェクトを行なってきたのですが、２０００年以降、このプロジェクトが、アルメニアやカンボジアなど大虐殺の歴史を持つ国でも立ち上げられていったことは、今になると偶然とも思えません。

出産の場が穏やかなものになると、何が良いのかというと、産むお母さんが安心します。産むお母さんが安心してお産に臨むと、お産が良い感じで進むためのホルモンがよく機能することで、結果としてお産が安全になる。お産が怖い、とか、こんなところでお産をしている場合ではない、とお母さんが思うと、一言で言えば、お産が進まない。まあ、そうですよね。その昔、祖先の人間たちがジャングルだかサバンナとかで暮らしていた頃、夜中に産気づいて、お産しようと思ったら、猛獣が近寄ってきた、とか、何か危ないことが起きたとすると、あ、これはお産なんかしていると母子共に危ない、だから、陣痛も、ちょっと微弱陣痛くらいにしておいて、逃げなくちゃ、ということになりますよね。

つまり病院でお母さんたちが微弱陣痛で、赤ちゃんが生まれるくらいのいい陣痛が来ない時、というのは、ひょっとしたらお母さんたちが「こんなところで産んでいる場合じゃない、こんなところで産めない、なんか、怖い」と、思っていることの結果であるかもしれない。だから助産師たちは、懸命にお母さんたちに寄り添い、励まし、優しくするのです。そのようにしっかりと受け止められて、あ、ここでお産して大丈夫、と安心してお産に臨むお母さんたちは、自分を手放し、体がゆるみ、赤ちゃんを良い感じでこの世に送り出すことができるようになる。人間の生理学的なお産のプロセスは、そのようになっており、そのようになっているからこそ、人間が近代産科医学の医療介入の助けが期待できない時代でも、途絶えることなく続いてきた、と言えるのでしょう。

エマニュエル・レヴィナスは、人間にとって最も耐え難い苦しみは「自分が自分に釘付けになっていること」と言っておられる、とのこと。採り上げているのは不眠と恥辱と吐き気、そしてそれらの不快な状況はどれも「われわれが自分自身と手を切ることができないことから生じる」。内田先生のおっしゃるように、それは、誠に卓見ですね。眠れないこと、を特に取り上げておいでですが、確かにそうです。眠れないことは、自らが過剰で、自分自身のことをずっと考えてしまったり、なぜ眠れないのか悩んだり、一体自分はどうなっているのか詳細に記述しようとしたりする事が根底にある、と。眠る、ということは、ふっと自分を手放せることだ、とお書きになっています。

アカデミックの世界で、眠れない人、多いですよね。1990年代に10年くらいイギリスの大学で働いていましたが、sleeping pill（就眠剤）を飲んでいない人は、いなかったくらい、多くの同僚が不眠に悩まされ、それが職場の話題でした。職場は、公衆衛生大学院でしたから、みんな、それなりの医療関係者の集まりです。眠れないことも、就眠剤を飲み続けることも、きっとそれは健康に良いとは言えない、ということは頭ではわかっていても、眠りにつくことができないことはもっと困るから就眠剤に結果として頼らざるを得ない。心理カウンセリングに通うことと、就眠剤を飲むことは、アカデミアの日常の一環、となっていることがよくわかりました。

その後ブラジルにも住みましたが、こちらでも大学関係者、研究者の友人たちは同じような感じで、眠れない悩みを抱えている人が多かった。アカデミックとか、研究者とか、そういう仕事は、「きり」がありません。職場から帰ってきたら仕事が終わり、ということがなくて、何か考えたいこと、何か先に進めたいこと、何か解決したいこと、があるからこそ、分野は違えど、研究者になっているのです。やりたいことがあって、やるべきことが目の前にあるのに、今日という日を終えることはとても困難。もうちょっと、もうちょっと、とパソコンや本の前にかじりついて、夜更かししてしまう、というのは研究者の日常です。どこでオフにしたらいいのかわからない。自分をふっと手放す、ということがもっとも難しい職業かもしれない。自らの観察ばかりしてしまう。

わたしが30年以上、出産の経験について研究してきたのは、他でもない、出産が、先にちらっと書きましたように、最もパワフルな「自分を手放す」経験であり得る、ということが直感的に理解できたから、そしてそれをなんとかして見える形で示したい、と思ったから……、というところがあります。「自分を手放す」経験、というのは、いわば、何かもっと大きなものに自分を委ねる、という経験で、それこそ、現在の少しずつ積み上げ、文字を通して理解するような知識の体系とはあまり相性が良くない。アボリジニーの人たちが、旅に出るときは、何も持っていかない、世界に委ねて、旅をする、と言っていたのとおなじようなことです。近代的な知を積み上げていくことが私たちにとって学ぶ、ということなのですが、それとは対極にあるような経験です。

人間が人間を産む、というのは、なかなかのことで、助産師さんたちは、「あっちの世界に行ってしまうくらいにならないと」生まれない、という表現をなさったりします。トイレに行って、トイレのスリッパを揃えて出てくるようだと、まだ生まれない。もう何が何だかわからなくなって、トイレのスリッパ揃えるような余裕がなくなると、生まれる。産んでいた女性たちもそういう状態を「宇宙の塵になっていたように感じた」とか、「時間の感覚がなくなっていた」とか表現して、まさに、出産で自分を手放すような経験をされたのだなあ、と思う。そういうお産をすると、そのお産の経験自体に支えられて、それからの育児の日々を乗り越えて生きやすいようなのですね。だから助産師さんたちは、がんばる。それを手助けしようとしてくれる。自分を手放して、自分を委ねた、というパワフルな経験は、それからの人生を支えてくれるものなのだ、とご存じなのです。

珊瑚礁の海のすぐそばで、幼い頃を過ごした男性の、少年の頃の話を伺いました。日が暮れるまで、ひたすら、海で魚を追い続ける。潮が引き始めた10時ごろから海に入り、潮が満ちてくる午後4時ごろまで、6時間近くも海に潜って、素潜り漁をする。ひたすらに魚を追いかけているうちに、自分自身が海に溶けて、自分も魚になってしまったような感覚になる。それはとにかく、とても気持ちよく、心地よいことなのだそうです。自然のリズムの真ん中に、自分が溶け込んでいき、自分は手放され、自分がなくなる。無我の境地、っていうのかなあ、難しくいうと……。とにかく、すごく気持ちがよくて、心地よくて、まだ知らないわけだけど、天国ってきっとこういうところなんじゃないかなあ、とおっしゃっていた。

それを聞きながら、全ての幼い人は、そのようにしてこそ、育つべきなんだなあ、と思います。自分が何ものであるか、あるいは、何ものでもないか、それを少年の頃に体感すること。そしてそれは、「ものすごく気持ちの良いこと」であることを知ること。幼い頃というのは、もともと、容易に自分を手放すことができるとてもオープンな状態にあるのだと思います。時間のことなど全く気にせず、やりたいことを延々とやる、心惹かれることを続ける。

今ではよく知られたモンテッソーリ教育の創始者である、イタリアの教育者、マリア・モンテッソーリは、それこそが教育の原点であるべきだ、と言っていましたね。1870年、イタリアに生まれ、ローマで初めての女子学生として医学部に入学するのですが、当時、物乞いをしている母親の傍らで、つまりは、ひどい環境にある小さな女の子が、小さな一枚の紙切れでとても深く集中して遊んでいる姿を見かけます。その女の子は、集中しているからこそ、とても充実し、平和な状態に見えた。モンテッソーリは、どんなひどい逸脱状態にある子どもでも何かに集中することによって変わることができる、という考えを天啓のように受け取るのです。障害児教育や、当時のローマのスラム街で子どもたちの教育を担当し、環境としてはひどい状態のため、落ち着いてもおらず、集中力もなかったような子どもが、自分がやりたいことを見つけると、どんどん変わってゆく。見つけたやりたいことを繰り返してやっていくうちに、集中力も深くなり、学びが深くなっていった、その経験から、モンテッソーリは、自由に選ぶ、繰り返す、集中する、充実感、達成感を持って終了する、というステップを理解した時、子どもたちは内側から変わり、自立していく、というのです。

紙切れにでも集中できる子どもが、海の中で集中して魚を追うのであれば、それはいっそうその子どもの本来の意味での自立を促すでしょう。自分を手放すことと、内側から変わり、自立していくことは、本当はコインの裏表のようなことなのですね。自らを手放す経験が幼い人たちに多く開かれていることについて、あらためて、この、子どもたちがガジェットとゲームに否応なしに組み込まれている時代に、考えてしまうのでした。

今日はこの辺りで。またお便りいたします。

２０２２年５月20日　三砂ちづる　拝

第10便 B

自我が消えてしまう時の解放感と愉悦

内田樹より

三砂先生

こんにちは。お手紙ありがとうございます。

最初に訪れた北米の地がアメリカではなく、メキシコとは驚きです。実は、僕もアメリカにはほとんど行ったことがないんです。若い頃に親類を訪ねてサンフランシスコに10日ほどいたのと、長じてからハワイに二度（兄とだらだらしに行ったのと妻とだらだらしに行った）だけで、東海岸も中西部も知りません。

僕はけっこうたくさん「アメリカ論」を書いているんですけど、考えてみたら、ネタはほとんどが小説と映画からでした。そもそも、アメリカ人の友人・知人が一人もいない……これはかなり偏っていますね。誰も指摘してくれなかったので、今まで気が付きませんでした。

鶴見俊輔は戦前にハーバード大学に留学していましたが、敵性国民として獄中に投じられている間に恩師のはからいで卒業証書をもらい、開戦直前に最後の日米交換船で日本に帰って来るのですが、それから二度とアメリカを訪れなかったそうです。別にアメリカに恨みがあるわけじゃないし、日本に義理があるわけでもないけれども、「負ける時は負ける側にいたい」と思って帰国して、ついそのままになった。

僕のアメリカとの「疎隔感」もそれに近いのかも知れません。日本は戦争に負けてアメリカの「属国」になりました。戦後しばらくは主権国家に戻りたいという願いを持っていましたが、もうそれも捨てて、「国家主権を回復したい。国土を回復したい」と願うことさえ止めた骨の髄までの「属国」になりました。その属国民であることの屈辱が僕をアメリカから遠ざけているのかも知れません。

『若草物語』や『あしながおじさん』の舞台であるニューイングランドなんか、個人的には「すごく行きたいところ」なんですけれど、それでもどうしても腰を上げて行く気になれない。たぶん、このままニューヨークもワシントンもシカゴも一度も訪れずに一生を終えるような気がします。

「不眠」の話は『レヴィナスの時間論』の中でかなり詳しく論じたトピックでした。三砂先生がおっしゃるように、眠るためには「自分を手放す」ことが必要です。でも、「自分を手放す」という行為は能動的・主体的にはできません。「自分を手放そうとしている自分」が前面に出てくると、自我は強化されるばかりですから。

睡眠薬にしても、薬を処方してもらったり、購入したり、服用したりするのは、自分自身ですから「自分で自分の眠りをコントロールしようとしている」という自我の過剰は解除できません。でも、ほんとうの意味でぐっすり眠るためには、自我の支配をどこかで終わらせないといけないんです。「ここから先は『自我』は入れません」と言って押し戻さなければならない。

よく「羊を数える」という就眠儀礼がありますけれども、あれはたしかに「自我の放棄」のためのエクササイズとしては合理的だと思います。「数える」というのは脳の働きですけれども、かなり単純な行為なので、自我が介入しなくても「羊をカウントする」作業だけは自動的にできる。そうやって自我の干渉を弱める。

武道では「有我有念」「有我一念」「無我一念」「無我無念」という四つの段階を仮説的に設定することがあります。

頭の中に煩悩や妄念がぐちゃぐちゃ渦巻いている状態が「有我有念」。それを（例えば「羊を数える」というふうに）単一の対象に集中するのが「有我一念」。その対象に没入しているとある時点で「無我一念」の境位に至る。「眠る」だけなら、この段階までくればもう十分です。

三砂先生がお書きになっていた「小さな女の子が、小さな一枚の紙切れでとても深く集中して遊んでいる姿」というのは、たぶんこの子が「有我一念」から「無我一念」にレベルがシフトした瞬間の「没入感」をとらえたものではないかという気がします。集中がある強度を越すと「我」が消える。そういうことって、ありますよね。僕たちが苦しんでいる日々の悩みはほぼすべて「我」に絡みついているものですから、「我」が消えれば悩みも消える。経験的にはそうです。

武道の場合では「有我」というのは、脳が骨格や運動筋を操作して身体を「速く強く」使おうとするという「上意下達的なシステム」のことです。それは遅く、弱く、非合理な動きになります。100％脳が身体をコントロールしようとすると、どうしても選択的に随意筋だけを使い、それ以外の身体部位は「止める」ようになるので、仕方がありません。だからすべての身体資源を活用しようと思ったら、「無我」で動かなければならない。

そもそも、「速い」とか「強い」というのは、速度や強度を競う相手がいて、それとの相対的な遅速強弱の「比較」にこだわっているから出てくる言葉です。「無我」の状態では、そういう対立や比較がなくなる。

僕たちのしている武道の稽古はそういう境地をめざしています。いわば「眠りながら動く」ような動きが理想的なものになるわけですね。周りのことなんかぜんぜん気にしないで、自在に動く。ジャッキー・チェンの「酔拳」というのはあれは術理的にはけっこう正しいんだと思います。

どうやって「無我」の状態に入るのかについては、武道でも宗教でも多年の蓄積を踏まえた具体的な技法があります。それを稽古ではあれこれと試してみます。

稽古しているとよく眠れるようになります。それはただ身体が疲れて休息が必要だからという生理的な理由だけではなく、稽古で「自分を手放す」ための技法をあれこれ工夫していることも関係があると僕は思います。


この「自分を手放す」経験の重要さを今の学校教育はどれくらい配慮しているのか、僕にはわかりません。たぶんまったく配慮していないような気がします。

三砂先生がモンテッソーリ教育について書かれたのは、言葉を換えて言えば、「ゾーンに入る」とか「フロー体験」とかいうことだと思います。

子どもたちにもぜひそれを経験して欲しいと思います。ある対象や、遊びにのめり込んでいるうちにふっと自我が消えてしまう時の解放感と愉悦をぜひ経験して欲しい。


前にもお話ししたことがあったかと思いますが、うちの娘がまだ小さい頃に、小学校からなかなか帰ってこなかったことがありました。学校からうちまでは細い上り坂の一本道で子どもの足でも歩いて10分とかかりません。娘の友だちが遊びに来ました。「まだ帰ってないよ」と言うと「一緒に校門を出たのに」と言うので、探しに行きました。そしたら、学校とうちの途中で座り込んでいました。何をしているんだろうと思っていたら、道端の草を見ているんです。ものすごい集中力で見つめていて、僕が近づいても気がつかない。そして、しばらく見てから深いため息をついて立ち上がり、数歩歩いてまた別の植物をみつけて、座り込んで観察を始めた。感動的な光景でした。子どもが対象に没入している。その集中の深さと身体から発熱している感じが伝わってきました。モンテッソーリが紙切れで遊んでいる女の子を見たときにも、たぶん似たようなものを感知したんじゃないかと思います。

僕自身も個人的な記憶としては、9歳くらいのときに似たことがありました。伊豆半島の養護施設にいたころの話です。病気がちの子どもたちを集めた施設ですので、勉強は午前中でおしまいで、昼からは友だちと遊んでもいいし、ひとりで本を読んでもいいし、何もしないでぼんやり過ごしてもいい。

その日は台風が近づいてきていて、僕は一人で音楽室にいました。窓の外を見ているうちに空一杯に黒雲が広がり、強い風が吹き始めました。竹林が風にたわんでほとんど90度に倒れてはまた起き上がるということを繰り返していました。その竹林を見続けているうちに、「竹と同化する」という不思議な感覚がありました。自分が自分の体から抜け出して、台風にあおられる竹林に入り込んでしまって、竹になって風にたわんでいる。その時のふるえるような解放感を長く忘れることができませんでした。
「没入すること」の喜びを人生の早い時期に経験するというのは、子どもにとってほんとうにたいせつなことだと思います。それこそ、僕たちが教師として若い人たちにまず伝えるべきことじゃないかという気がします。

娘が18歳になって家を出てから僕は一人暮らしになりました。25年ぶりの一人暮らしでしたので、もう好きなだけ本を読んで、好きな音楽を聴いて、好きな映画を観るという自由を満喫しました。

その年の夏休みに入ってから『レヴィナスと愛の現象学』を書き始めました。何時間も何日もぶっつづけで書き続けました。誰も止める人がいませんから。もう子どものためにご飯を作ったり、洗濯物にアイロンかけたりということをしなくていいわけですから、好き放題に時間が使える。

そういう生活を2週間くらい続けていたら、ある日「ゾーン」に入りました。「アカデミック・ハイ」と個人的に名づけることになった経験ですけれども、まだ論文を書いている途中だったのですが、書いている論文の最後までが全部見通せました。結論まで書き終わっている。そういう「ヴィジョン」が見えたのです。ほんの短い間の現象でした。必死になってその時の「書き終わった論文」について、何が書いてあったのか、メモを取ったのですけれど、後から読むと何が書いてあるかわからない文字列が残っただけでした。でも、その「ヴィジョン」を見た後、論文を書く進度は一気に上がりました。「この方向でよい」「自分はこの論文を書き上げることができる」ということについては、もう迷いや揺らぎがありませんでしたから。

そういうことって、あるんですよね。人間は、知的な働きでも、身体的な運動でも、短い時間だけれども、限界を超えて、深く、遠いところにたどりつくことがある。それは「自我」の拡大とか強化ということではありません。「自我」の向こう側に突き抜けてしまう。そういうことがあるんだよということを子どもに経験させてあげたい。

「ものすごく気分のよい状態」を知っている人というのは、そこが「戻るべき原点」になる。そういうことがあるような気がします。

僕が久しく尊敬する治療家の池上六朗先生は、患者さんのそばに立っているだけで、触りもしないで、身体の歪みを治してしまうという「特技」をお持ちです。どうしてそんなことができるのか、いろいろ理由を考えてみた結果、僕が得た仮説は「池上先生は、人生のある時点で、『どこにもつまりや痛みやこわばりやゆるみがない、100パーセント気分のよい状態』を経験したことがあって、その状態をありありと体感的に再現できるので、その体感を相手に伝えることで治療してしまう」……というものでした。

その時に、池上先生に「もしかして、先生、子どもの頃に、『１００パーセント気分がいい状態』を経験したことがありませんか？」とお訊ねしてみました。すると池上先生はしばらく考えてから、「そう言えば、ある」とお答えになりました。

まだ池上先生が少年だった頃。60年ほど前のことです。ある夏の日に、松本の家の近くのきれいな川で泳いだことがあるそうです。川の上には樹影が広がり、夏の日差しの下の川の水はひんやりしていた。水中に潜ったときに、「いま、１００パーセント気分がいい」ということを実感したことがあるそうです。「思えば、あれが原点かもしれない」とおっしゃっていました。

三砂先生が書かれている「珊瑚礁のところで泳いでいると天国にいるような気がする男の人」もたぶん同じような経験をしているのではないかと思います。そういう原点を持っている人は自分の体のゆがみやこわばりがすぐに感知できる。どういう姿勢をしたり、動きをすればそれが補正できるかも直感的にわかる。休養であれ、栄養補給であれ、身体が何を求めているのかがわかる。そういう人が「健康」な人なんじゃないかと思います。

それは体重や血圧や尿酸値みたいなもので数値的に表示される「健常」とは別のものだと思います。自分固有の、自分だけにわかる「気分のいい状態」がリアルに感知できるので、必要なときにはいつでもそこに戻ることができる。

「ものすごく気持ちの良いこと」を知ること。それが子どもたちにとって最もたいせつな経験だと僕も思います。

　果たして子どもたちはガジェットやゲームや仮想現実を通じて「ゾーンに入る」ことができるようになるかどうか、これは難しい問題だと思います。僕自身はそういうものに「没入した」経験を持たないので、断定的なことは言えません。でも、それらが子どもたちをある種の仕方で「限界を超えること」に誘い、「自我」の向こう側に突き抜ける経験をさせてくれるのであれば、教育的な意義はあるかも知れないと思います。実際に僕たちは子どもの頃にマンガに読みふけったり、映画に没入したり、音楽を聴いたりしながら、「我を忘れた」経験があるわけですから。でも、それが身体的に「ものすごく気持ちの良いこと」であるとは言えません。それだけでは足りないと思います。どうすれば子どもたちにそういう経験をしてもらうことができるのか。家庭教育でも、学校教育でも、それが一番たいせつなことではないかという気がします。

2022年6月17日　内田樹　拝

第11便

la onzième lettre

没入すること、10歳前後であること

第11便 A

当時の女の子たちは失神していた

三砂ちづるより

内田先生、お便りありがとうございます。

ご無沙汰してしまいました。今年、2022年の夏も暑いですねえ。38度とか40度とか……体温より高くなってきました。この夏、沖縄、八重山によく行っていますが、そちらでは大体30度前後、32、3度より上がることはないですから、日差しは強いものの、風が吹きますし、東京より涼しい感じがしますね。沖縄県はまさに避暑地の様相を呈してきました。

ゲームやガジェット。おもしろいんですけどねえ、子どもたちが夢中になるのも、わかるんですけどねえ。e-スポーツの時代ですから、子どものみならず、若者も大人も夢中だし、世間的にもみとめられているわけです。世間の母親たち（父親もですが）はどうやって小学生、中学生くらいの子どものゲーム時間を制限するか、に苦慮するというか、一体どの年齢で子どもをこういうことに曝露させていいのか迷う、というか、そんな感じだったと思うんですが、いまや、親たち自身もゲーマーですからね。新型コロナパンデミックで小学校でもタブレットが供給されるようになりましたし、もう、次世代は生まれた時からこういう世界にすっかり親和性のある形で育っていきます。どうしようもない。それでも、なお、親たちにためらいが残るのも、この世界が、耽溺するほどに魅惑的であり、その世界に没入してしまうことが、わかっているからですね。

その耽溺が、いわゆる「没我」の世界、「ゾーンに入る」世界か、と言われるとね、それはやっぱり、なんだかちがう、と思いますよね。前回のお便りの最後に書いてくださっているように、身体的に「ゾーンに入る」ものすごく気持ちの良い経験、というのとは、おそらく異なる。ゲームの世界で「限界を超え」「自我をつきぬける」経験自体は、できるのかもしれないけれど。おっしゃるように、私たちが少年少女だった頃にゲームやガジェットはありませんでしたが、すでにマンガや映画、音楽に小説、そういったものはありましたし、十分に魅力的でした。活字の小説より、さらに、マンガ、生演奏の音楽より、さらに、レコードやカセットに録音された音楽、そういった、もう、一手間かかったもの、あるいは視覚的に強調されたもの、繰り返せるもの、の方が、ずっと「没入させる力」は強かった、と思い出します。

1950年代生まれの私の世代は、黎明期にあった少女マンガと共に育ってきたので、マンガへの没入感は子どもの頃から親しみのあるものでした。普通の本もかなり読んでいましたが、いわゆる小説などとは、没入感が異なることは、初めから意識できました。小学校に入る頃から「少女フレンド」を読み始め、「なかよし」「りぼん」「マーガレット」「少女コミック」と、成長とともに精緻化されていく少女マンガの世界に耽溺していったのは、この時代を生きた女の子たちの喜びでしたね。少年ジャンプが創刊されたのは小学校4年生の時でしたから、マンガ界は活気付き始めていました。大島弓子のデビューにも萩尾望都のデビューにもリアルタイムで立ち会ったことは幸運でしたし、中学校の部活をテニス部にしたのも志賀公江の「スマッシュをきめろ!」(「エースをねらえ!」の大ヒットで日本中の中学生がテニス部に入るようになる少し前のことです)を読んでいたせい、寝ても覚めてものマンガの世界に生きていて、初めてラケットを手にした時の喜びを忘れることがありません。「ポーの一族」「トーマの心臓」は、のち、没入し過ぎて、勉強にならないため、高校時代の受験前には、単行本を新聞紙で包んだ上に、紐をかけて、簡単には出せないようにして、ベッドの奥におしこみました。やることがあまりに原始的です。受験が終わった後、まっすぐ向かったのは、当時マンガ立ち読みし放題だった大阪の駸々堂書店で、竹宮惠子の「ファラオの墓」を立ち読みで読破しました。まだ、マンガ喫茶とか、なかった頃の話です。何時間、いたんだろう。それこそ没入しすぎて覚えていません。なんと、寛容だった駸々堂さん、ありがとうございます。ごめんなさい、竹宮先生、全部立ち読みしてしまって……。その後、精華大学学長になられた竹宮先生に（内田先生、素敵な対談本を出しておられますね）、ＢＬ（ボーイズラブですが）を卒業論文のテーマにした4年ゼミの学生が、長い質問の手紙を出したところ、とんでもなく丁寧、かつ、内容の濃いお返事をくださって、一学部生にここまでおつきあいくださる竹宮先生に感服しました。再度、心の中で、「ファラオの墓」立ち読みしてごめんなさい、と謝ることでした。

音楽も、まことに忘我の経験。そういえば、当時の女の子たちは、失神していました。きっとおぼえてらっしゃいますよね。１９６０年代から、そうですねえ、80年代ころまででしょうか。世界中のロックコンサートで、日本のグループサウンズのコンサートで、女の子たちは、きゃーっと言って、失神していたのです。プレスリーが踊れば失神し（これは50年代末かも）、ビートルズが日本に来た、と言っては失神し。マイケル・ジャクソンのコンサート映像では、失神する女の子をカメラが追ったりしていました。それがひとりやふたりではないのですよね。同時代の世界中の女の子が同じような音楽を聴いて失神していた。それが、ある時から、失神しなくなった。90年代くらいからは失神しなくなったんじゃないでしょうか。コンサートでの熱狂は今も変わらず続いていて、ある意味ずっと大規模にもなったと思いますし、小さなライブハウスでの熱狂も、ファン心理も、以前より重層的で深いものになっているようですが、でも、いまどき、誰も失神しません。あるとき、これはなんだろうなあ、なにがかわったんだろうなあ、と考えたことがありますが、よくわかりません。調べてみたことがありますが、誰もこういうことを研究している方は見つかりませんでしたし、私もわからない。当時の音楽やグループが特別だった、ということもないように思います。音楽は当時の流れを引き継いで、ずっと進化しているのですからね。これって、ひょっとしたら、内田先生の言われる、幼い頃の「ゾーンに入る」とか「フロー体験」と、なんらかの関わりがあったのではないか、とふと、思ったりしましたが、おそらく違うな、と、書きながら、思っている。「忘我」の「フロー体験」と、「失神」とは、方向性が違います。

前回のお便りで、私たちが例としてあげている幼い頃の「忘我」の経験は、珊瑚礁の海で海に溶けてしまったり、道端の植物にこころうばわれてじっとみいってしまったり、夏の日差しのもと、冷たい川の流れの中で１００％の気持ち良さを経験したり、風の中、竹と同化したり……それはすべて、なんらかの形で、人間がつくりあげたものではない環境、というか、自然のなにかに接することで、起こってきていることでした。音楽やマンガやゲームに没入すること、あるいは、アカデミックハイ。あるいは、書くこと、創作活動における、先が見えてくるような、ハイな経験。それらは全て、人間の記号的な知的作業のうちに営まれていることです。ところが私たちが例に挙げている子どもの頃に経験する「ものすごく気持ちの良いこと」は、人間の記号的な知的作業とほぼ関係ないところで、突然、その世界に〝ほうり込まれた〟ようになって、その世界と一体化する、という形で立ち現れていますね。ありていな言い方をすれば、〝自然〟に同化させられている。

これらの幼い時の身体感覚は、ゲーム、ガジェット、音楽、マンガ、映画、アカデミックな作業、執筆……なんでもいいのですが、人間の〝知的営み〟に入るようなものへの没入感よりも、「先駆的に」、あるもののような気がします。母親のおなかのなかで育ち、この世に生まれてきて、いったんは、きりはなされたような状態にありながら、それでも生まれてきた人の感覚は完璧で、幼い人はおそらくこの世界と全て繋がっていることを全身で理解している。おそらく乳幼児は、すべてこれ「フロー体験」みたいな感じで生きているのではないかと思います。産む側の女性の経験を私はずいぶん聞き取りしてきていますが、文字通りの「フロー体験」、つまりは、ものすごく気持ちが良くて、時間の感覚がないような、自分が周囲に溶けてしまったような感覚をよく語ってくれます。お産の時にそういう感覚を持つ女性は少なくないのです。こういう母親と生まれてくる子どもの感覚はおそらく一致しているのだと思います。その感覚を、科学的に証明せよ、といわれても、することの難しい事案ですから、なんとも言えないのですが。

「フロー体験」そのもののような赤ちゃんは、その後の人生を生きていくために、首がすわり、腰がすわり、立ち上がり、言語を獲得し、周囲と言語や身体的な身振りでコミュニケーションをとるようになり、五感が分化していき、その五感で扱えるものに対処するようになっていくプロセスの中で、その「フロー体験」のようなものは薄れていき、それこそ「人間社会」に適応できるようになっていく。でもそういう中でも、自分とは異なる存在を感じられるような状況に、ゆったりとおかれると、不意に、その「一体感」というか「フロー体験」みたいなものが、自分に戻ってくる。それは、おそらく幼いうちは何度も体験されているものだと思いますが、それを明確に思い出すことができ反芻できる経験として意識できるようになるのは、少し大きくなってからのことだろうと思います。意識的にそれと感知できて、それを言語で表現できて、のちの人生でも思い起こせるもの、である必要があるとすれば、それはやはり10歳まで、くらいに体感されることではないか、と思えます。逆にいえば、言語獲得を経たのち、生まれた頃の「フロー体験」とそれが同一のものだ、という絶対的な感覚を、感じやすいとともに、それを記憶することもでき、言葉で反芻できる年齢が、10歳くらい、と言えるのかもしれません。

もちろん10歳前後以降でも、人間はそういう経験に開かれています。つまりは、身体的な没我の経験というのは大人になった人間にも訪れるものであり、とりわけ、女性は出産時にそういう経験をする人が少なくないものですから、私自身はそういう経験を「原身体経験」と呼んで、出産経験のスケール化、など記号化の極みみたいな疫学研究をしたこともあります。後の年齢でも開かれてはいるものの、この10歳頃までの、人間が生殖期に向かう前の、明瞭な体験、というのは、具体的に人間にとって大きな転換期である思春期、そしてのちの成人期の困難をうまく乗り越えやすくするきっかけを提供するのではないでしょうか。

それらの身体的な経験が10歳前後までに先駆的にあると、内田先生がお書きになっているように、「必要なときにはいつでもそこに戻る」ことができるようになる。そのような経験をしていることが、その後のマンガや、本や、音楽や……さらに現代ではゲームなどの記号的な没入感を、より深く愉快にもし、また、そこから抜け出すことにも、愉悦を感じられるようになるのではないでしょうか。あくまで仮説ですがね。

そう思えば、先の世代としては、どうやって子どもたちが10歳までに身体的な没入感を感じられるような経験を提供できるのか、という話になります。でも、それって、そういう経験がいいですから、できるだけ子どもにそういう経験をさせてあげましょう、といった、新しいお稽古ごととか、サマーキャンプにもっと参加させて、より自然な環境に子どもをおいてあげましょう、とか、そういうお膳立てができるようなこととは、違うような気がします。

前にも一度書きましたが、経済学者、内田義彦の書いたトンボ釣りの話が思い出されます。今は、トンボ釣り、という言葉自体、もう、わからない人が増えているのかもしれませんが、要するに、トンボを捕まえることです。ご飯を食べるより、何をするより、トンボを釣るのが大好きな子どもがいて、喜んでトンボ釣りに熱中している。これをやめさせようと思うと、それは簡単で、大人が、毎日、毎日、命令して、「トンボを釣ってこい」と言えば良い、「やれ」と言われると、楽しみであることが楽しみでなくなり、苦痛になってくる、と。

大人がお膳立てして環境を提供する、というのは、なんだか少し、このトンボ釣りの話と似ているような気がしてなりません。子どもたちに「フロー体験」を10歳前後くらいまでにしてもらいたいのですが、そのために、何かをする、というのが、どうも本末転倒な気がするのはそのためです。できそうなことは、とにかく、子どもがぼうっとできる静かな時間、大人からすると意味のないような時間がたくさんあること、そして、ゲームやガジェットへの曝露を少しでも後ろ倒しにする、くらいしか思い至りませんが、このことは具体的な次世代へのアドバイスとして、もう少し考えを深める必要がある気がします。

立秋も過ぎたのに、今日も暑い日になりそうです。どうかご自愛ください。

2022年8月11日　　三砂ちづる 拝

第11便 B

師に全幅の信頼を置くこと

内田樹より

三砂先生

こんにちは。内田樹です。

お手紙頂いてから1月近くご返事できずにすみませんでした。

この夏休みは7冊本を抱えていて、うち1冊だけは何とか仕上げて出版社にゲラを戻しましたけれど、残り6冊は今同時並行で書いています。これもその1冊なんです。『資本論』解説、カミュ論、権藤成卿の復刻本の解説、米中論、勇気について、そしてこの子育て論を並行して書いています。支離滅裂なラインナップですね。

どうしてこんなになんでもかんでも引き受けてしまうんでしょうね。自分が苦しい思いをするだけなんですけれど、それでも面白そうな企画を持ち込まれると、つい「やります」と言ってしまうんです。

でも、その時点では書きたいことが頭の中にあるわけじゃないんです。頭の中にはまだ何もないんです。でも、何となく「書くことをこれから思いつくかもしれない」という予感がする。まだアイディアにはなっていないのだけれど、「アイディアの予兆」のようなものがそのオファーを受けた時にふっと目の端をよぎる。そんな感じです。実際に書き始めてみると、たしかにその「予兆」から何かが浮かび上がって来る。さざえのつぼ焼きをつまようじで引き出すとき、ていねいにひっぱりだすと「つるっ」と中味が出てきますね。あんな感じ。

それに、僕が書いているものって、どれもネタが古いんです。なにしろ『資本論』にアルベール・カミュに農本主義者の大アジア主義者ですから。いったいいつの時代の話をしているんだよと言われそうです。でも、気がついたら、僕のところに来るのって、そういう企画ばかりなんです。いつの間にか、「古老に聴く」というタイプの取材がほんとうに増えました。

最初に来たのは「1969年の三島由紀夫VS東大全共闘の行われた時の時代の空気はどんなものでしたか」と訊かれたとき。そういうタイトルのドキュメンタリー映画に「時代の証人」としてちょっとだけ登場しました。そしたら、次は「1967年の第一次羽田闘争の山﨑博昭君の死にどんな衝撃を受けましたか」を訊かれ、次は「1972年の早稲田大学内ゲバ殺人によって以後の学生運動はどう変質しましたか」を訊かれました。

ある出来事がどういう文脈で起きたのか、その出来事がのちの時代にどんな影響を及ぼしたのかといったことは、研究書を読めばわかりますが、リアルタイムでその出来事があったときに同時代の人たちが何を感じ、どういう表情やどういう言葉づかいでそれについて語ったのかは、その場にいた人間しか記憶していません。そういう「現代史の生き証人であるところの古老」というポジションに気がついたら立っていました。

この「男の子を育てる話」もある意味では、そうだと思うんです。僕に求められているのは、一般論ではなくて、「昔、男の子はこういうふうに育てられた」という個人的な見聞の証言ではないかという気がするのです。

「そんなのはあなた一人の個人的な経験や知見であって、一般性を要求できないよ」と言われたらその通りなんですけどね。でも、「証言」というのはもともと一般性を要求するものじゃない。むしろ「一般性を揺るがすもの」です。

よくドキュメンタリーに「昔の出来事を遠い目をして語る古老」が出てきますね。でも、彼らはすわりのよい結論を述べたり、わかりやすい教訓に落とし込んでくれたりはしてくれない。むしろ、そういう（ディレクターがあらかじめ仕込んでおいた）予定調和的なシナリオにはないことを呟いて物語を「脱臼」させる。

ですから、僕たちもその「古老」に倣ってはいかがかと思うのです。ここはできるだけ個人的な、偏頗《へんぱ》なことを書いて、「子育て」についてのできあいの物語を混乱させる。混乱させるだけさせて、さっと逃げ出す。なんだかその方が誰にでも同意してもらえるような面白みのない「一般論」を語るより楽しそうだと思いませんか。

というところまでが前置きです。前便で三砂先生が振ってくださったトピックについて書きます。一つは「没入」ということ、もう一つは「10歳前後」ということです。論脈上はつながりのないこの二つ言葉に僕はつい強く反応してしまいました。それはその二つについて別のところに書いたばかりだったからです。その話をしますね。

先日、知り合いから大学でのセクシャルハラスメントの被害者女性の裁判闘争の支援を頼まれました。もしかしたら三砂先生もご存知かもしれませんが、早稲田の大学院で、文芸評論家としても高名な人物が、女性院生に対する研究指導に際して、繰り返し暴言を吐き、自尊心を傷つけただけでなく、指導や卒後の世話の代償に性的関係を求めてきた事件です。そのせいで女性は退学を余儀なくされ、心に深い傷を負うことになりました。教員は退職し、大学は事件の隠蔽をはかった教職員を訓戒しましたが、被害者に対する謝罪も補償もありませんでした。この女性は、大学がハラスメントが多発している事実を認め、それに適切に対処できる仕組みを作るように訴えを起こしています。

僕は彼女が書いているこの経緯を読んで、強い怒りを感じました。それは、師弟関係というのが、本来は弟子の側に「自己放棄」と師への「全幅の信頼」を求めることで成立するものだからです。自分についてくる人に「自分を手放すこと」を求めるからです。それを悪用したことを許し難く思ったのです。

たしかに中等教育や大学でも学部レベルでは、そこまでの「没入」は求められません。でも、大学院レベルになると、一人の教師と一人の院生が一つのことについて、余人の入り込む余地のないほど密度の高いやり取りをすることが起きます。研究職というのはある種の「ギルド」ですから、独特のジャルゴンが行き交い、世間の常識がしばしば通らない。でも、入会しようとする者は「清水の舞台から飛び降りる」つもりで、自分の手持ちの価値観や判断基準をいったん「かっこに入れて」、「メンター」の指示に黙って従う。そうしないと「ギルド」に入れてもらえないと思うからです。

その時、学ぶ者は一時的に非常に無防備になります。自己刷新のためには、それまで身にまとってきた「鎧」を脱ぎ捨てることが必要だからです。一時的にではあれ、とても脆く、傷つきやすい状態を過ごさなければならない。

この脆弱で、傷つきやすいプロセスにある人が外傷的な経験を受けないように気遣うことはメンターのとてもたいせつな仕事だと僕は思います。ほんとうに教え子の知的成熟を望んでいるなら、教師は教え子が「自分を手放す」プロセスを無事に通過できるように、じっと見守って、適切な指示を与え、励ましてあげるのが仕事だと思います。

でも、このセクハラ教師は、教え子がそれまで生き方を律していた個人的な規範を手放して、メンターの言に黙って従うことを決意したことにつけ込んで、おのれのせこい欲望を満たそうとした。これは単にこの人物の属人的な卑しさということに止まらない罪深いものだったと思います。彼がこの女性の「学び」への開かれを傷つけたからです。

これから先、彼女はもう新しいことを学ぶために無防備になるということができなくなったと思います。誰かを信じて心を開くということができなくなる。「謎めいたこと」を言う人間には興味を持つより先に嫌悪と不快を感じるようになる。忍耐強く相手の話を聴くよりも、「ひとりがたり」をしている方が落ち着くようになる。そうやって、自分に居着いてしまう。でも、これはお分かりでしょうけれど、知性的、感情的な成熟にとってはほとんど致命的なことです。

学びの場で受けた外傷的経験は単に「セクハラされて不愉快だった」ということでは済まされません。それは当事者の「学ぶ能力」そのものに深い傷を残すからです。

そんなのはもう過ぎたことなんだから、早く忘れた方がいいというような賢しらな助言をする人がいますが、それは傷の深さを理解していない人の言葉だと思います。学ぶ人がメンターから受けた傷は、遠く未来にも影響を及ぼすからです。

この女性が最近書いたものを読んで、僕はなんだか悲しくなりました。とても文章の上手な人なのです。論理的できちんとした、説得力のある文章を書くのです。でも、硬直しているのです。自分に触れてくる異物に対する不安と嫌悪で、文章の皮膚がかちかちに堅くなっている。彼女が、この事件以前にどんなものを書いていたのかを僕は知りません。でも、おそらくこれよりはもっと手触りの暖かい、風通しのよい文章を書いていたのではないかと思います。この人はある意味で「自分の声」まで奪われてしまったのです。

子どもたちが「没入」できることはとてもたいせつだ。このことについては僕たちはもうよく了解し合っていると思います。そうできるように支援するために、傍らにいる大人に何ができるでしょう。それは「自分を手放して、没入しても大丈夫だよ。怖いことないよ。誰も君を傷つけないから」という保障をしてあげることだと思うのです。

小さい子どもが大人の手をぎゅっと握って「放しちゃだめだよ」と言う時がありますね。あれは、彼らが「冒険」をしようとする時なんです。そういう時はしっかり握ってあげる。もし小さい時に、「放しちゃだめだよ」と大人に頼んだのに、手を放されたという経験をした子どもは、それからあと「冒険」することに対してずいぶん臆病になると思います。ですから、子どもたちが10歳くらいになるまでは、親はどんなことがあっても「手を放してはいけない」と思います。それくらいの年齢までに「自分を手放しても怖いことはない」「人を無防備に信じても裏切られることはない」という確信を子どもが持つことがとてもたいせつだからです。

前に講演のあとの質疑応答で、フロアから「内田さんのその根拠のない自信はどこから来るんですか？」というたいへん本質的な質問を頂いたことがあります（会場は爆笑していました）。「子どもの頃に内田家の人たち、父と母と兄から深く愛されて育ったからだと思います」とその時にはお答えしました。「愛されていた」というのは、言葉が足りなかったかも知れません。「愛されていた」というよりは「いつも見守ってもらっていた」という方が正確だと思います。子どもの頃に、自分が手をつかんだ時に、親から手を振り切られたという記憶がないのです。その体験のせいか、人に自分を委ねることが別に怖くない。信じることが怖くない。おかげで、僕は武道と哲学というふたつの分野で、「師に全幅の信頼を置く」という得難い経験をすることができました。以前、兄に「どうして樹はそれほど無防備に人を『先生』と言って後についてゆくことができるのか」としみじみ言われたことがありました。「お前は、『弟子上手』だな」と。その通りかも知れないと思います。兄は的確に見ていたと思います。そして、僕が「弟子上手」なのには、小さい頃に（この兄も含めて、家族から）「握っていた手を振りほどかれた」という外傷的経験がなかったことが大きく与っていると思います。

でも、それってやっぱり「10歳前後」までなんだと思います。その次の段階では「世の中には決して心を許してはいけない人間がいる」ということを大人は教えなければいけない。

僕の父親は僕が8～9歳の頃に、僕を前に座らせて「信用できる人間かどうかは、その人物の地位や学歴とは関係がない。哲学を持っていない人間を信用するな」と申し渡しました。子どもに向けて語る言葉にしては、あまりに堅苦しい言葉でしたし、父親の表情も真剣でしたので、忘れがたい思い出になっています。

父は満州事変の年に19歳で満州に渡り、敗戦の翌年に北京から帰国しました。15年間大陸にいて、大日本帝国の消長をつぶさに見てきた人です。驕った日本人たちが朝鮮半島や中国大陸で何をしてきたのかも見たし、帝国が瓦解するのにも立ち会った。その混乱の中で、父は「信用できる人間」と「信用できない人間」を見分けることは死活的に重要だということを思い知らされたのだと思います。

父が子どもの僕に「哲学を持っている人間」という言葉で言おうとしていたのは、「世間の人々」がどう言おうと、どうふるまおうと、ことの筋目を通す人のことだと思います。自分なりの条理を維持していて、損得勘定や私利私欲で言動がぶれない人間。おそらくそういう人に父は窮地を救われたことがあり、逆に学歴も地位も申し分ないが、平気で人を裏切る人間に煮え湯を飲まされたという個人的な経験があったのだろうと思います。

父が小学生の僕に教えようとしたのは、「世の中には決して信用してはいけないタイプの人間が存在する」という経験知でした。それを父は子どもがある年齢に達した時には「教えておかなければならないこと」だと思ったのです。「ある年齢に達したとき」という条件がつくのは、あまり幼いときから「世の中には信用してはいけない人間がいる」ということを口うるさく言うと、それは子どもの成長の妨げになるからです。

幼い子どもはまず「学ぶ」ことから始めなければならない。まずは心を開いて他者に接する無防備さを身につける。ある種の無垢さです。子どもたちの成熟を願うなら、まず人を信じること、人に身を預けることを教えなければならない。「誰も君の手を放さない」「誰も君を傷つけない」という保障を与えるところから始める。

でも、そんな子どもたちもいつか「世間」に踏み出してゆかなければなりません。そして、世間に出ればいつか必ず「決して信用してはいけないタイプの人間」に出会う。イノセントな向上心につけこみ、彼らから収奪し、致命的な傷を負わせて立ち去る人間に出会います。そういう人間はこの世間にはたくさんいます。だからこそ大学や職場でハラスメントがあれだけ起きるのです。そういう人間を見分けて、決して近づかない知恵が死活的に重要になります。

僕たちは子どもたちを育てる時に「信じろ」ということと「信じてはいけない」ということを二つ教えなければならない。時間順としては、まず「人を信じること」を教え、次に「信じてはいけない人がいる」ということを教える。そういう順序になると思います。そして、その二つのモードの切り替えが「10歳前後」ではないかというのが僕の仮説なんです。

「人を信じなさい」ということを教えてくれる心優しい親は多くいると思います。でも、子どもがある年齢に達した時に、子どもを前に座らせて「よく聞きなさい。世の中には決して信じてはいけない人間がいる。これからそれを見分ける方法を教えるから、よく聞いて忘れないように」と教えてくれる親はそれほど多くはない。

それは親の経験知でよいと思うのです。限定的な経験から絞り出したような言葉で十分だと思うのです。子どもが第一に知るべきなのは「どういう人間を信じてはいけないか」という識別法ではなくて、「世の中には決して信用してはいけない人間がいる」という事実の方だからです。

「ねえ、いったいどうすればいいの？　人を信じていいの？　それとも信じちゃいけないの？」と子どもは泣訴するかも知れませんけれど、それに対しては「信じたり、信じなかったりするんだ」と答えるしかありません。「人間は葛藤のうちでしか成長しないのだから、それくらいは成熟のコストとして引き受けなさい」というところまで口に出して言っても、子どもには難し過ぎてわからないかも知れませんけれど。

長くなり過ぎたので、今日はここまでにしておきます。では。

2022年9月14日　内田樹 拝

第12便

la douzième lettre

長い時間軸の中で考える

第12便 A

無条件に愛され、無条件に見守られること

三砂ちづるより

内田先生、こんにちは。

ごめんなさい、お返事遅くなってしまいました。すっかり季節がかわってしまいました。パソコンの目の前にあるお隣の大きな桜の木、ほとんど葉が落ちてしまっています。2022年も終わりに向かいますね。お変わりありませんか。

4月から全面対面授業に戻った勤め先の女子大も今年度最終タームに突入しました。ここでは、1年生から、ゼミの練習をするためのゼミ、というのをやっています。少人数で話をしたり、レジュメを作って発表をしたり、司会をしたりして、大学での勉強の仕方を一年かけて学びます。

先日、「ポル・ポト政権時代の仏教徒弾圧について」発表をしてくれた学生がいました。まだ10代半ばの頃にカンボジアを訪問して、キリング・フィールドとかツールスレン収容

所跡などを訪ね、彼の国の歴史に深く思いを馳せることがあったようです。カンボジアの現代史について知っている学生もいれば、知らない学生もいますが、カンボジアのポル・ポト政権の時代って、あなたたちには世界史に書いてある「事項」かもしれないけれど、私自身がちょうど大学生くらいだった時にあったことですよ、というと、みんな、呆然としています。彼女たちにとって昭和の出来事、は、明治、大正、が歴史上の大昔……であるのとほとんど変わらない昔々あるところに……の話で、自分の目の前でそこそこ元気そうにしゃべっている人が、しっかり記憶のある青年時代に経験してきたこと、というふうにはとらえられないいんですよね。

ソ連の崩壊、冷戦の終結とか、私が子どもを産んで育てていた、ほんの30年ほど前の出来事で、私くらいの年齢の人間にとっては、起きるはずがないと思うことが起こった、ということだったんですよ、というと、もっと片付かないような顔をしています。「歴史」ってね、思ったより身近なところで、「歴史」になっていっているわけですよ、というと、しん、とします。

今の大学生の祖父母世代である私たちは、自分の若い頃生きてきた頃のあれこれをその前の戦中戦後世代と比べて、どうやら語るに値しないこと、と思っているふうがありますよね。少なくとも大人になってから、食べるものに困る、死んでいく人が周りにたくさんいる、戦時状態である、とか、そういう前の世代のようなドラマティックなことを経験したわけではなくて、高度成長期から今まで、生活スタイルは通信、デジタル関係では様変わりしたものの、ずっと似たような、お金稼いでお金使って生活を豊かにもっと自由に、というエトスの中で生きてきたから、次世代に語るべきことなんてあんまりないよな、と思っているような気がします。内田先生が、「古老に聞く」タイプのお仕事に追われているということ、そして、「リアルタイムでその出来事があったときに同時代の人たちが何を感じ、どういう表情やどういう言葉づかいでそれについて語ったのかは、その場にいた人間しか記憶していません。そういう「現代史の生き証人であるところの古老」というポジションで語る必要性があるんだ、とおっしゃることが、まことに腑に落ちていく感じです。語ることはないわけではなく、語っていい、と思っていなかったのですが、語る必要はないわけではありませんよね。

さらに1950年代後半生まれの私たちは、強大で影響力の強かった団塊の世代に遅れること10年、何をか語らん、何もいうことない、みたいな時代の雰囲気で20代をアパシーと共に過ごした年代ですから、自分が「古老」になれるはずない、と思っているところがあるのですが、どんどん年齢的にはそうなっていくわけで、自らの経験の細かなディーテイルにこそ、現代史があるのだ、と思って、語り始めるしかありません。

冒頭のゼミ生、高校生の頃に訪問したカンボジアに興味を持ち続けており、大学に入ったら、またすぐ再訪できると思っていたのに、できなくなってしまった……と話していました。2020年初頭からのCOVID-19パンデミックであっという間に世界の人の動きは止まってしまい、2022年も終わろうとする今、検疫の水際対策自体は緩和されてきていますけれど、移動する人の数はそれほどは戻っていません。それほどの人が移動していないところに、燃料も高騰しているわけですから、チケット自体がものすごく高い。びっくりするような燃料サーチャージがかかるようです。ヨーロッパ往復はチケットを別にして、燃料サーチャージだけで12万とか13万とか……ちょっと前までチケット自体がその値段（あるいはもっと安く）で買えたものですけれども。輪をかけての円安。気軽に海外に出かけられる時代は、あっという間に終わってしまいましたね。

グローバリゼーション、とか浮かれて、いつでも好きな時に外国に行って、帰ってきて、やりたければどこでもなんでもできるように見えていた時代は、もう過去のものです。その最中にいる時には、なんだか永遠に続くように思われるあれこれも、あっという間に変わってしまう。あの、能天気にみんなが世界を巡っていた時代のことも、また、語られることがあるでしょうか。

このところ、東京から沖縄、石垣に向かう便をよく使っています。どの曜日に乗っても、いつも若いカップルと家族で、飛行機はほぼ満員です。海外旅行があまりに高額なのと、円安なのと、まだまだパンデミックの余波で海外に気楽に出かけられないのと、全国旅行支援も始まったのと……などなどが相まって、海外の代わりに行く旅行先は本土復帰50周年の沖縄、なのでしょうかね。

若いカップルはともかく、幼い子ども連れがとても多い。乳児、幼児、さらに、明らかに学齢期の子どもたち連れの家族がたくさん搭乗しておられる。学校の休みでもない時期の平日です。学校が休みでもない、平日に旅行する。親が休みさえ取れれば、それは、いいですよね、安いし。混まないし。で、親御さんたちはそういう決定をするようになったみたいです。ちょっと前まで、あまりこういうことはしませんでしたよね。親が子連れで田舎に帰ったり、旅行をしたり（だいたい親と「田舎に帰る」以外の旅行をする、ということが始まったのも、実はごく最近のことである気もしますが）するのは、学校が休みの時期であり、週休二日になってからは土日であり、少々重要な家族の行事があっても、子どもが学校に行っている時期なら、彼らの学校登校が優先していて、家族で子どもと出かける、とか考えることもなかったように思います。

10年暮らして、子どもを育てていたブラジルの学校のことを思い出します。学校は大した〝力〟を家族に対して、持っていませんでした。何があろうが、家族が優先でした。そのように見えていました。ブラジルの、普通の、小中高校は、ほとんどが二部制であり、午前中か午後か、どちらかにしか学校に行きません。朝7時から12時か、午後1時から6時か、希望して登校する時間を選ぶことができました。

小学生くらいですと、親の都合で子どもを午前登校か、午後登校か、親が適当に決めるのです。ああ、我が家は飲食業で親が夜遅い生活だから、子どもの学校は午後にしておこうとか、親の仕事に出かける時間が早いから（結構、7時台に仕事が始まったりしていました）、子どもの学校は午前中にしておこう、とかそういう感じ。世の中の子どもというものは、朝、早起きさせて、ご飯食べさせて送り出すもの、と思っていた私は、「午後登校」組の友人宅に遊びに行って、子どもたちが朝10時ごろぼやーっと起き出してきて、親も、うち、ほら、夜遅いからねえ、とか言っているのを見て、衝撃を受けました。それでいいのだ、と。

半日しか行かないブラジルの学校は、国語算数理科社会といういわゆる基礎教科だけを勉強するところであり、それだけ勉強するくらいの時間しか取れないから、音楽や体育という科目も本格的なものは何もなく、学級活動、にあたるようなものも、まったくありません。

そもそも午前と午後に違う生徒が来て教室をつかいますから、ホームルームもないので子どもにとって「自分の机」、「自分の場所」のような、親密な空間、というものも学校に出現しません。大きめの「学習塾」をイメージしてもらえばいいような空間でした。親のほうも、子どもの性格とか、集団での協調性とか、そういうことに対して学校なんかに口を出してもらいたいと思っていなくて、そういうのは家庭の領域だと思っていた（ように見えました）。要するに子どもの生活に占める学校の割合が日本に比べて極端に低い。

だから、家族の旅行や家族の都合で学校を平気で休ませていました。ああ、今日はね、休みが終わって初日だから、学校何にもないから、行かせなかったわよ、とか、家族でサンパウロ行くからね、とか、平気で学校を休ませていた。当時の私は、そんなものかな、それでいいんだな、と思っていたのは既に四半世紀前のことですが、日本もそうなりつつあるのでしょう。保育士や教員など子どもに関わる仕事をしている友人に聞くと、今の親御さんたちは、親側の都合で子どもの学校を休ませることは、ありだ、という雰囲気が確かにあるらしく、家族で旅行するから、とお休みする子も決して珍しいことではなくなっているそうです。平日の東京～石垣便にたくさんの子どもが乗っていることも、さもありなん、なようです。

小中学生の不登校が25万人に近くなり、そうなると一クラスに一人か二人は学校に来ない子がいる、ということになるでしょうから、名実ともに「学校に行かない」ということがそんなに珍しいことではなくなりつつあります。「学校に行きたくないところ」、「学校はつらいところ」、「学校は行かなくてもいいなら行きたくないところ」、「学校は自分が行って楽しいところ」では、もはや、ない。というかそんなふうに学校が楽しい、なんて思っていた子どもは元々そんなにたくさんいなかったのかもしれませんね。私自身のことを思い起こしてみても、学校は少しも楽しいところではありませんでした。

元々今となっては親に申し訳なかったと思うくらい、不機嫌な子どもで、当然人と交わるのは苦手、外に出て遊ぶのもきらい。それは、小児喘息で体が弱いせいだ、と思われていたので、ずーっと家にいて、字が読めるようになったら、というか字を読むくらいしかやることがないために、早々に字を覚え、ひたすら何か読んでいた活字中毒の内向的な幼児が、幼稚園とか小学校とかに馴染めるはずもありません。

幼稚園は私の世代は行っている人が多かったので私も一年行きましたが、毎月休んでばかり。小学校に行っても、50分の授業に座っていることができず、トイレに行く、保健室に行く、と途中で何度も教室を出て行っては、人気《ひとけ》のない学校の踊り場で呆然としながら、なんでこんなところにいなければならないのかなあ、と思っていました。学校は、自分にとって、決して居心地の良いところでも、安心できるところでもなかったのですが、行かねばならないから行っていた、というだけです。中学生になって、自分の意見の一つも言えるようになり、高校生になって何もかも言われる通りにやらなければならないわけではなくなり、立派な図書館の書庫の隅に自分の好きな場所を見つけることができるようになり、なんとかかんとか、小中高を終えた、と思います。

学校が嫌だったから、家が居心地がよかったのか、というと、後になって思えば、そんなに居心地がよかったわけではないんですね。前回のお手紙で内田先生が書いておられたように、「自分は、子どもの頃に、父と母と兄から深く愛されて育った、見守ってもらっていた」、と、そういうふうに長く自信を持って言えなかったのは、同居している祖父母が仲が悪く、また、自らの父と母も仲が悪く、祖母と母も、仲が悪く、そんな中で、子どもは長く私一人、という状況で育ったからだと思います。

子どもは一人しかいないのだから、みんな、子どもに愛情が行ってもいいはずなのに、今思うと、みんな、自分のことで結構大変だったんだな、と思います。家にいる対の関係が穏やかである、ということは全ての家庭生活を穏やかに推移していくための重要な条件でしょう。たとえ対の片方が、一方的に忍従を求められていたとしても、家の中を穏やかにするために、それが必要だと思えば、それを意志をもって選び取られていたのではないか、と思われるくらいです。

祖母が祖父（逆ではありません）に声を荒らげていた日々、単身赴任している父が家に帰ってくるたびに母と言い争いをしている日々がその家に住んでいる唯一の子どもである私に快適ではなかったのではないかな、と気づいたのは、大学生になって家を出て、一人で住み始めてからでした。子どもである、とは、自らの置かれている状況を客観的に捉えることはできない、ということですから。

それでも、私は、祖父母や父母の、彼らのとても大変な日常の中で、彼らのそういった時代と個人的状況の制限の中で、私のことを愛していてくれたんだな、それを私が十分に感じられなかったことも、彼らにとってはとても残念に思うことだっただろうな、と今は思います。

彼らに「無条件に愛された」という自信をもらい損ねたように見える私も、内田先生がおっしゃっている、もう片方の家族からの贈り物、「見守られていた」は、確実に、豊かに享受していたのです。毎日気持ちの良い暖かいお布団で眠り、洗濯されたきれいな服を着て、朝昼晩、とご飯を作ってもらい、帰宅すれば母がいた、祖父母がいた、という暮らし自体によって私が得ていた安定感は、何にも増して大きなものでした。そう思えば、子どもには「無条件に愛された」あるいは「無条件に見守られた」のどちらかを提供することができれば、「子育て」している親としては満点、なんじゃないか、とか思ってしまいますね。
内田先生の「できるだけ個人的な、偏頗なことを書いて、「子育て」についてのできあいの物語を混乱させ」ようという試み、自分のことも少し書きたくなりました。今日はこの辺りで。寒くなりますが、どうか、ご自愛くださいませ。

2022年11月16日　三砂ちづる　拝

第12便 B

大人たちから子どもを守るために学校は生まれた

内田樹より

三砂先生

こんにちは。内田樹です。

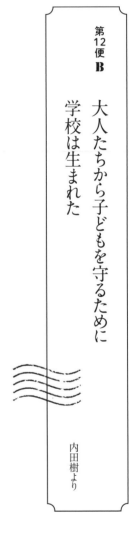

今回は頂いてから10日ほどでご返事を書き始めることができました。ようやく大きな仕事のうちの一つ（「アメリカ論」）が片づいて、ちょっとだけ肩の荷をおろしたところです。少しだけ気持ちの余裕が出てきました。

前便でも書いたように、他の仕事は（資本論も農本主義もこの子育て論も）すぐに出さないと速報性を失って価値がなくなるというような種類の話ではないのですが、アメリカ論だけは国際関係がこの先激変してしまうと、リーダビリティを失う部分があるかも知れないので、ちょっと急いでいたのです。ウクライナ戦争の帰趨《きすう》次第ではNATOとロシアの間で戦端が開かれるかも知れません。第三次世界大戦が始まってしまったあとになって、「世界はこれからどうなる」というようなことをのんびり書いた本を出すのもあまり意味がないかも知れないと思って急いでいたのです。でも、よく考えたら、それは子育て論だって同じですね。

それくらいに世界は激動のうちにあるわけですけれども、それでも僕がなんとなく「第三次世界大戦は起こらないんじゃないかな」と無根拠の楽観のうちにいられるのは、「第三次世界大戦が起きる」という不安のうちに少年時代を送り、そのうちにその不安に「慣れてしまった」という1950年生まれの「古老」の、これもまた特殊な経験のせいかも知れません。

僕が中学生の頃（1962年から65年）はSFが一気に人気ジャンルになった時代でした。SFという文学ジャンルがアメリカで発祥したのは、「人類が発明したテクノロジーによって人類が滅亡する」という、それまでの文学では扱うことのなかった主題がアメリカ人の目の前につきつけられたからです。映画でも「核戦争で人類滅亡」という人類の愚行が繰り返し描かれました。『博士の異常な愛情』も『渚にて』も、50年代に生産され消費された「人類滅亡物語」の膨大な蓄積の上に開花した「傑作」でした。

三砂先生は「世界終末時計」をご記憶だと思います。「世界滅亡まであと何分」を表示した時計ですが、1953年に米ソが水爆実験に成功した年に11時58分（滅亡まであと2分）

を記録しました。実際に1962年のキューバ危機のときには「第三次世界大戦寸前」まで行きました。

ですから僕の少年時代はずっと「もうすぐ世界は滅びるかもしれない」という潜在的な不安のうちにありました。「終末観がデフォルト」という感じは、その時代の空気を吸っていない世代にはうまく伝えられないかも知れません。

敗戦国日本はとにかく生き延びるのに精一杯で、国際政治に関与して、地球の危機を救うような国力はありません。何かしたくても、何もできない。だから、もう「なるようになれ」と居直るしかない。その底の抜けた感じが、50~60年代の日本社会のワイルドで、アナーキーで、妙に明るい文化を生み出したと僕は思っています。

そういう時代を生きてきたので、いま「第三次世界大戦が起きるかも知れません」と言われても、あまりびっくりしない。「いつか見た風景」なので、なんとなく「あ、そうなんだ。でも、今度もなんとかなるんじゃないかな」とつい思ってしまう。人類は一度愚行を回避できたから、二度目も回避できるはずだという推論は成立しないんですけれども、それでも。

未来に対する不安を構成している大きな部分は「何が起きるかわからない」という情報の欠如だと思うんです。ですから、過去に「似たようなものを見た」という経験があると、未来への不安はいくぶんか軽減する。「過去の経験」というのは僕が個人的に見聞きしたことに限られません。人から聴いた話でも、本で読んだことでも、映画で見たことでも、「前にも同じようなことがあったよ」と教えてもらえると、なんとなくほっとして、ただ不安で思考停止して、フリーズしてしまうよりは多少知恵も働くし、手も動く。「古老」の仕事って、そうやって年下の人たちの不安を取り除いて、「そんなに怖がることないよ」と背中を押してあげることじゃないかなと最近思うようになりました。

例えば、いま学校に対して恐怖や嫌悪に近いものを感じている子どもの数が増えています。不登校25万人というような数字を見ると、不登校の子どもを持つ親も、子ども自身もずいぶん気鬱だろうなと気の毒になります。そういうときに「どうすれば他の子どもたちと同じように学校に行かせることができるか」というふうに問題を立てると、たぶんうまくゆかない。「同時代の、同学齢の、他の子どもたち」しか参照する当てがなくて、そのマジョリティと比較すると、不登校は「病的」で「異常」なふるまいに見えてしまうからです。

でも、もっと長いタイムスパンの中で「そもそも学校に通うというのは、何のために始まったことなのか」というふうに問いを立てると、「学校にゆかない」というのが病的でも異常でもなく、「それがふつう」だった時代もあるということがわかります。「学校にゆかないのがふつう」から「学校にゆくのがふつう」に社会は変化したのですけれど、その変化を衝き動かした動因は何かということを考えると、不登校ということの意味もまったく違ったものに見えてきます。

フィリップ・アリエスの『〈子供〉の誕生』やエリザベート・バダンテールの『母性と

いう神話』を読むと、「子ども」や「母性」といったものが歴史的な条件によって構築されたものであることがわかります。それはかなり流動的なもので、ゆっくりとですけれども、ずっと変化し続けている。ですから、「子ども」が僕たちの考える子どもではなく、「母」が僕たちの知っている母とはほとんど別物であるような社会が過去にはいくつも存在していたことになります。でも、別にそれはそれらの社会が「未開」で、僕らの社会における「子ども」や「母」がより完全に近いものだということではなく、いつの時代のいつの社会も、それなりの合理性に基づいて「子ども」や「母」はその役割を演じていたのだと思います。

アリエスによると、現代の「子ども」概念に近いものがヨーロッパに生まれたのは15世紀以降のことだそうです。それまでは7歳までは親の手元に置くけれども、それ以後は7年から9年のあいだ他の家に徒弟奉公に出します。委託された子どもの主な仕事は「主人に仕えること」です。そこで修業して、実務経験を身につけて一人前になる。子どもを教育するのは、委託契約を結んだ他家の主人ですから、実の親子の親密な感情的つながりというものは期し難い。アリエスの文章を一つ引いておきます。

こうした状況のもとで、子供はごく早期に自分の生れた家族のもとをはなれていたのであり、後に大人になってそこに戻ることがあったにしても、それも常にそうだとは限らなかったのである。したがって、この時代に家族は、親子の間で深い実存的な感情を培うことはできなかった。

（P・アリエス『〈子供〉の誕生』杉山光信他訳、みすず書房、1980年、346頁）

中世のヨーロッパの話ですけれども、「そんな遠いところの話なら、現代日本と関係ないじゃん」というわけにはゆきません。というのは、まさにこの「親子の間に深い実存的な関係が欠けている」社会で「学校」が登場してきて、親子関係を一変させるからです。

アリエスによれば、15世紀から家族のあり方と、家族意識が変容してゆきますが、その際立った兆候が「子どもを学校に通わせる」という習慣が定着してきたことです。それまでは他家に見習い奉公に出すことが教育でした。それが学校という独立した教育機関ができて、そこに通わせることになった。

ここで重要なことは、必ずしも学校は親たちの要請でできたわけではないということです。ヨーロッパで学校教育を先導したのはイエズス会士たちですけれども、彼らが子どもを学校に通わせるべきだというキャンペーンを展開したのは「若者を生まれたばかりの無垢のなかにとどめておくために、大人たちの穢れた世界から隔離しようという配慮」からです。何よりも親たちの非道な権力行使から子どもを守るためでした。

バダンテールの『母性という神話』は前近代ヨーロッパの子どもたちの無権利状態について、こう書いています。

アンリ二世の布告（1556年）は、親の意志にそむいて結婚するものは永久に相続権を剥奪される、と宣言した。（…）アンリ三世の新しい布告は、親が同意しない未成年者の結婚は誘拐と同類と見なし、未成年者を『誘拐』したものは、いっさい容赦なく死刑に処す、と宣言した。

（E・バダンテール『母性という神話』鈴木晶訳、ちくま学芸文庫、1998年、55頁）

死刑ですよ。すごいですね。18世紀の後半になっても、「家庭の名誉と平安を危険にさらす可能性のある行動」をした若い男女への処罰は厳しいものでした。そう宣告された子どもたちは西インド諸島の流刑地に送られました。

流刑地へ送られた子どもたちは、厳重に監視され、ろくな食事もあたえられず、苛酷な労働を強いられた。（同書、56頁）

これらの法律は、その時代において父親の子どもに対する権力がいかに強大なものであり、子どもには服従以外の選択肢がなかったかを示しています。だとしたら、「これほどの社会的圧力があったため、その他いっさいの感情が割り込むすきがなかった」のも当然です。

親子の愛情というものを僕たちは誰のうちにでも自存する、ごく自然な感情だと思っていますけれど、そんなものが「割り込むすきがない」ような親子関係がフランス革命前にはデフォルトだったのでした。

『母性という神話』は次のような印象深い逸話から始まりますが、僕はこれを読んでずいぶん驚かされたことを思い出します。これは1780年のパリの話です。

毎年パリに生まれる二万一千人の子どものうち、母親の手で育てられるものはたかだか千人にすぎない。他の千人は——特権階級であるが——住み込みの乳母に育てられる。その他の子どもはすべて、母親の乳房を離れ、多かれ少なかれ遠くはなれた、雇われ乳母のもとに里子に出されるのである。

多くの子は自分の母親の眼差しに一度も浴することなく死ぬことであろう。何年か後に家族のもとに帰った子どもたちは、見たこともない女に出会うだろう。それが彼らを生んだ女なのだ。（同書、25頁）

アリエスについても、バダンテールについても、その所論についてはさまざま異論はあると思います。でも、前近代の家族は僕たちが思い込んでいるようなタイプの家族愛に基づいたものではなくて、もっと手触りのざらついたものだったということ、子どもたちがそういう冷たい家庭で精神的・肉体的に傷つけられるリスクを回避するために、彼らを大人から守るために「学校」という制度が作られたということは、たぶん事実だろうと思います。

近代において学校が作られたことの目的が「大人たちから子ども守る」ことだと聞いたら、いまの日本人はびっくりすると思います。でも、この本義は揺るがすべきではないと僕は思います。ここでいう「大人たち」には「世間」も「親」も含まれます。子どもを労働力として利用しようとする大人たち、子どもを自分に服従させようとする大人たち、その両方から子どもは守られるべきだという考え方を僕は適切だと思います。

アリエスの言うように「子ども」という観念は歴史的な発明品ですけれども、それは「子ども」というのは幻想だと言い切って終わりにできる話ではなくて、「子どもという観念」を発明したことで人類は少しだけ進歩し、この世界は少しだけ暮らしやすくなったというふうに解釈してよいと思います。せっかく「子どもという観念」が「誕生」したわけですから、それをできるだけ有用なものとして活用したい。

というところで話は戻りますけれども、不登校というのは、だから、ほんとうはあり得ないことなんだと思います。学校が子どもを守る場所であったら、子どもたちは、保護と支援を求めて、止められても、学校に行くはずですから。

でも、そうなっていない。それは家庭と学校を比べると、学校の方が、子どもにとってはより服従を強いられ、より自尊感情を傷つけられ、心身により深い傷を与えられる場になっているということです。学校の誕生の歴史的意味から考えれば、そうなります。家庭だって、それほど居心地がよいわけではないけれども、それでも家庭内では執拗ないじめとか、教師への服従の強制が求められることはありません。三砂先生が書かれているように、仮にそこが「愛のない家庭」であっても、子どもたちにとって生理的に快適な環境を整えるという気づかいはなされている。もちろん、それさえない「ネグレクト」された子どももいますけれど、それがデフォルトではなくなっている。それは「不適切」であるということについての社会的合意は存在する。

子どもたちの虐待ということが話題になると、僕がまっさきに思い出すのは、意外と思われるでしょうけれども、マルクスの『資本論』です。『資本論』というと、ほとんどの方は最初の方の「商品と貨幣」のところを読んでいるうちに、話があまりに抽象的なので、うんざりして止めてしまったと思います(僕もそうでした)。でも、がんばって読み進めると第八章「労働日」のあたりから、いきなり話が生々しくなるのですが、それは児童労働のところです。マルクスはこの辺からあとは当時のジャーナリストや学者が書いたプロレタリアの非道な収奪の実情を引用して頁を埋めてゆきますが、それがほんとうにすごいんです。

夜中の二時、三時、四時に、九歳から一〇歳の子供たちが汚いベッドのなかからたたき起こされ、ただ露命をつなぐためだけに夜の一〇時、一一時、一二時までむりやり働かされる。彼らの手足はやせ細り、体軀は縮み、顔の表情は鈍磨し、その人格はまったく石のような無感覚のなかで硬直し、見るも無残な様相を呈している。

（カール・マルクス『資本論　第一巻上』今村仁司他訳、筑摩書房、2005年、357頁）

これはマルクスの書いた文章ではなく、1860年1月のロンドン『デイリー・テレグラフ』の記事です。もっとすごかったのはマッチ製造業についての記事です。マッチ製造は材料であるリンに暴露されることで「リン中毒性顎骨壊死」が起きることがマルクスの時代にはすでに知られていました。この病気は歯痛と歯肉の腫れから始まり、やがて膿が出て、歯が抜け落ち、最後には顎骨が壊死するという書き写すだけで悲惨な病気です。マルクスはこう書いています。

マッチ製造業は、その不衛生と不快さのためにきわめて評判が悪く、飢餓に瀕した寡婦等、労働者階級でももっとも零落した層しかわが子を送り込まないようなところだった。送られてくるのは『ぼろをまとい飢え死にしかけた、まったく放擲され教育を受けていない子供たち』である。ホワイト委員が聞き取りをおこなった証人のうち二七〇人が一八歳未満、四〇人が一〇歳未満、そのうち一〇人はわずか八歳、五人はわずか六歳だった。労働日は一二時間から一四、一五時間にわたり、夜勤、不規則な食事、しかもほとんどがリン毒に汚染された作業場内での食事である。

（同書、361頁）

マルクスが資本主義の廃絶を強く望んだのは、このような非人道的な児童労働から利益を上げている資本家たちへのはげしい憤りからでした。これが160年前の文明国での出来事でした。いまも、非道な児童労働が行われているところはありますけれども、総じて子どもたちの権利や健康はこの時代に比べるとずいぶん保護されるようになってきていると言ってよいと思います。なにしろ、マルクスの時代のマンチェスターの労働者の平均寿命は17歳、リバプールでは15歳だったのですから。

アリエス、バダンテール、マルクスと、ふだん日本の教育論ではまず名前が出てこない人たちを引用したのは、学校と子どもについて考える時に、できるだけ長いタイムスパンの中で今起きている問題をとらえる方が、僕たちが「どこに向かっているのか」がわかるだろうと思ったからです。

マルクスが報告している19世紀英国の児童労働者たちは学校についに行くことなく生涯を終えました。ですから、たとえ一年に数週間でもいいから、子どもたちに「学校に通って欲しい」というのは、心ある大人たちの悲願だったと思います。

これも昔の話になりますが、すでに公教育が導入されていた19世紀末のアメリカでも子どもたちは農業労働の重要な働き手でしたから、親は子どもを学校に通わせることを嫌いましたので、開講されていたのは感謝祭が終わってから春までの農閑期の12週間だけでした。でも、それでも「来ないよりはまし」だったと思います。ですから、その時代の教師たちが子どもに向かって告げたかった言葉は何よりもまず「お願いだから学校に来て」だったと思います。「ここは君たちのための場所だ。ここでは誰も君たちを苦しめたり、君たちを怒鳴りつけたり、君たちを殴ったりはしない。ここには親もいないし、雇い主もいない。ここでは君たちは守られている。」そう言ったと思います。教師は子どもたちに向かって「君がここに来ることを私たちは願っている」と懇願したと思います。

僕はそれが学校の原型だと思います。子どもたちを歓待し、保護し、承認すること。それが近代における学校の本務だったはずです。

年に12週の就学期間で子どもたちにどれほどの学力がついたのか、僕にはわかりませんが、教師たちは「この世には君たちを歓待する学校という制度が存在する」ということを子どもたちに知らしめるということが何よりもたいせつだと思っていた。読み書きができる、四則計算ができる、歴史や地理を学ぶこともたいせつだけれど、それ以上に「学ぶことを支援する制度がこの世には存在する」という情報それ自体を子どもに伝えることがたいせつだった。

もちろん、その時代にも「不登校」の子どもたちはいたでしょうけれども、たぶんその多くは親が「学校に行く暇があれば、仕事をしろ」と言って通学を妨害されたのだと思います。あるいは、「学ぶことを支援する制度が存在する」ということが最後まで理解できなかったのかも知れません。

でも、いまの不登校は違います。学校に行くことを拒否している子どもたちの多くは「学校が私を歓待していない。学校に私のための場所がない。学校が私の学びを支援してくれない」と感じている。学校はもう子どもたちを歓待することを主務とする場所ではなくなっている。子どもたちはそこで「値踏み」されたり、「格付け」されたり、「役割演技」を強いられたりして、ある条件を満たさない限りお前を受け入れないという査定的なまなざしにさらされている。

どこで掛け違ってしまったんでしょう。学校はその原点に戻って、いったい何のためにこんな制度を人類は創り出したのか、それを深く思量すべきだと思います。

またまたえらく長くなってしまいました。すみません。今日はここまでにしておきます。ではまた来年。よいお年をお迎えください。

2022年12月9日　内田樹拝

最終便

la dernième lettre

子育てにおいて、
時代が変わっても変わらないもの

最終便 A

今日を機嫌良く生きていくことができたら

三砂ちづるより

内田先生

お便りありがとうございます。新年明けてのご挨拶をするつもりが、節分明けて、のご挨拶となってしまいました。立春をすぎ、気温は低いですが、光は春、です。芽吹きの春、ですね。猫の額のような小さな畑を近所に借りて野菜を作っています。暖かい時はあんなに大変だった草むしりが、全く必要なくなる冬。ここを過ぎて少し暖かくなれば、また一斉にいのちが芽吹き始めるんですね。植物は律儀です。

前近代ヨーロッパにおいて、学校が作られたことの目的は「大人たちから子どもを守る」こと、であった……。なるほどなあ、と思いました。そして、〝ヨーロッパで学校教育を先導したのはイエズス会士たちですけれども、彼らが子どもを学校に通わせるべきだというキャンペーンを展開したのは「若者を生まれたばかりの無垢のなかにとどめておくために、大人たちの穢れた世界から隔離しようという配慮」からです。何よりも親たちの非道な権力行使から子どもを守るためでした〞……と書いておられる。幼いうちに大人の世界に組み入れられる子どもを守ろうとする。イエズス会士達の中に、このことに熱意を持った人たちがいたのですね、きっと。

全ての新しい試みは、誰かの意思、そして、それを共有するごく少数の人と共に始まります。マーガレット・ミードの有名な一節“Never doubt that a small group of thoughtful, committed people can change the world. Indeed, it is the only thing that ever has.”（いつだって、思慮深く献身的な少人数の人たちが世界を変えてきた。というより、世界はいつもそのようにしてしか変わってこなかった）を思い出しました。当時、学校、などという、逃れられる場所がある、と思っている子どもたちなど皆無でしたでしょうし、子どもたちを酷使している大人たちがそういうことをやってほしいと思ったはずもないし、大体そういう場が存在しうる、ということを子どもも大人も知らなかった。ただ、少数のイエズス会士が、とにかく始めた。うまくいくかどうかわからないけど、やってみようじゃないか、と、彼らの理念と、意思のみを恃みとして。内田先生がおっしゃっているような、15世紀、16世紀の時代背景の中で、学校、というところを、意志を持って開始した、おそらく若い、少人数の彼らの存在があったこと、を思うのです。

ずっと前にどこかでお書きになっていたと思うのですが、「ニーズがあるから学校ができる」、のではないですよね。学校というのは新しい理念や理想を提示するところであって、そこに「ニーズ」が認められるから、できる、というものではない。その時代、誰も賛成しない、誰も興味を持たないようなことでも、手を挙げて、理念を提示して、はい、こういう学校作りましたよ、と宣言することにより、そこに集まる人が出始める。そもそも学校はそういうものなのですから、「ニーズ」という言葉は、徹底的に馴染まない。イエズス会士たちも、ニーズなど考えていたはずがない。ニーズなど、皆無のところで、子どもたちのための場を作ろうとした。それが、大人から子どもたちを守るための学校となって行き、お書きになっているように、精神的・肉体的に傷つけられるリスクを回避し、子どもに安心できる場を提供し「学校」として制度化してゆく……。

私の現在の職場、津田塾大学は、創立者、津田梅子が、たくさんの理想を掲げて、女子の英語の「ニーズ」なんてあるはずもなかった１９００年に作った「女子英学塾」を母体としています。それから、１２０年以上、様々な理想を提示しながら、なんとか、ここまで生き残ってきました。都心の総合大学に人気があり、性の多様性が様々に語られる今、郊外の女子大という存在自体が大いなる時代遅れ、とも言えるのですが、今も風通しが良く、居心地の良い場を若い女性たちに提供できている（と思う）のは、何より、この提示してきた様々な理念と理想によるものだ、と思います。再度言いますが、「ニーズ」に応えてきたから、ではない。

そしてここには、学内保育所があります。いや、ありました。新型コロナパンデミックが始まる前まではよく機能していました。1980年にできた共同保育所を母体とし、のち、大学の管理のもとに置かれ、学生でも大学院生でも職員でも教員でも、使うことができました。常勤でも非常勤でも、アルバイトでも。長期でも、一日だけでも。大学という場で働いたり学んだりする人が、子どもを安心して預けられる場所、として機能していました。「健康教育」とか「ヒューマン・セクソロジー」とかいう講義を担当してきたので、学生たちに妊娠、出産という話題について話す機会がありますが、そこで、いつでも、「もし、妊娠して、子どもが産みたいと思えば、学内に保育所がありますよ。赤ちゃんを預けて安心して勉強できます。そういう選択をすることが可能な環境です」と、学生に語りかけられることは、私のこの職場にいる誇り、だった。実際、学生で、子どもを産んで赤ちゃんを預けて勉強している人も、常に誰か、おりました。東京都郊外小平市の緑あふれるキャンパスを遊び場として伸び伸びと育つ子どもたちの様子に憧れて、ここに子どもを預けて勉強するのが夢だった、と、社会に出て、子どもを産んで、大学院に戻ってきた人もいたくらいです。

新型コロナパンデミックでさまざまなルーティンが壊れてしまって、一斉にオンライン授業に移行した大学で、この保育所を使う人が激減しました。それに伴って運営の困難もいろいろ出てきて、とうとう保育所を閉めてしまった。「ニーズがなくなったから仕方ないですね」、という声が、大学運営上層部あたりから聞こえてきて、愕然とします。1980年代からの津田塾の学内保育所は、その存在だけで、すでに高く掲げられた理想だったのです。パンデミックが起こったり、近所の保育所に子どもたちが通うようになったり、いっとき子どもを預ける人が少なくなったとしても、「大学内に保育所がある」という理想を体現した現実の灯火は、決して消すべきではない。たとえば、いくら病人怪我人が何日もいなくても、学校の医務室を閉めてもいい、ということにはならないように、学内保育所も、いつもそこにある、ことで、理念と姿勢を示すものであったのだ、と思います。異次元の少子化対策、とか大きなことを言わなくても、女子大学は、そこに身を置く人が誰でも子どもを預けて学び、働ける場である、ということを可能にすることで、その理念と理想を示していた。それこそが大学の存在意義、学校の存在意義、です。このことが理解されて、学内保育所が復活することを、信じていたい。常に、理念を大事にしている学校だったのですからね。

それはともかく。イエズス会の皆様が理念を持って始め、大人たちや雇用主たちから、子どもを守り、子どもたちのための場所を確保する、学校がそのようなところであった、そういうものだった、ということを思い出すこと。おっしゃるようにそれは意義のあることです。国際保健、という公衆衛生の一分野で仕事をしてきました。いわゆる、開発、とか国際協力、とかの一環、と言える仕事ですが、保健や教育の分野の国際協力って、わかりやすいんですね。「医者のいないところには、医者がいるようにする」、「病院のないところには病院を作る」、「学校がなければ、学校を作る」、「女の子が学校に行けないなんてとんでもない、行けるようにしよう」。そういう近代の作り上げた制度に疑問を持たず、提示することをためらわない。このことに、先進国の人たちは反対しません。そうあるべきだと思う。学校がない、学校に行けない、ということは、子どもたちがいるべき場所を持っていない、ということであり、子どもとしても守られていない、ということ。前便で、アリエスやバダンテール、マルクスを引用しておられる当時のヨーロッパの議論と同じです。

マルクスが報告している19世紀のイギリスの児童労働者たちのように学校に行くことなく生涯を終えることが、途上国と呼ばれる国の子どもたちに、今も起こり続けていくことをなんとかなくしたい。たとえ一年に数週間でもいいから、子どもたち、女の子たちに「学校に通って欲しい」と、今では、少数のイエズス会士ならぬ心ある先進国の大半の大人たちが考えているのです。かように今も昔も、ずっと学校は、子どもを救うものだった。学校に行くことが、子どもにとって子どもであることを保障するような場所だった。日本でも、子守りをやっている子どもは学校に行きたかったでしょう。女に学問なんかいらない、女は学校に行かなくてもいい、と言われた娘たちは学校に行きたかった。息子たちは文学をやりたかった。

そもそも元々は、どういうものであったのか、どういう意図で作り上げられた制度だったのか、それがどうであれ、時代と共に、変わってしまうのは、それが学校であっても、結婚であっても同じことですよね。学校は、そこに行かなければ労働に駆り立てられる子どもたちを救うものだった。結婚も、元々は、女性の地位を安定させ、安心して子どもを産み育てることができるように、稼いできてくれる男を担保するためのものだった。元々は学校も、結婚も、新しいものを提示し、社会の成員を救い、世の中をより良くするためのものだったのだと思います。でも、それは否応無しに時代と共に変わってくる。

思えば私たちの今は、前の世代の方々の希望の集積によって出来上がったものです。ほんの一世代前まで、親や周囲が決めた人と結婚することが当たり前だったけれど、本当はそんなことめんどくさい、結婚なんかせずに、好きに暮らしたい、一人で生きていきたい、と思った人たちも少なからずいて、そういう人たちの希望は、今、見事に結実していて、一人で生きていくことを誰もおかしいと思わなくなりました。男も女も、結婚せずに独身でいることで肩身の狭い思いをすることも無くなったのです。少子化、と言われていますが、70年代の人口爆発をどうするか、という議論の、今が集大成、子どもが増えすぎて困ると言われたことの結果、が今なのであり、望んだ結果だったわけです。母や妻や嫁として生きるのだけなんて嫌だ、と思っていた前の世代の女性たちの夢は、今、花開きました。行こうと思えば高校も大学も行けるようになったし、子どもたちも、全員が学校に行けて、親からひきはがされて理不尽な労働に追い立てられないし、親たちも産んだ子どもの育ちをみていけるようになりました。

かように、近代は、夢の達成のプロセスでありました。衣食住が豊かになり、一人ひとりが自由を手にし、理不尽な差別は許されなくなった。人間はやっぱり進歩しています。しかし近代は一筋縄ではいかない。昨年暮れに亡くなった、敬愛する渡辺京二さんの著作に『近代の呪い』というのがあるのですが、まさに、呪い。この豊かさと、理不尽さの消滅の裏に張り付く呪い。豊かになり、より良く生きるために作った、と思われるそれぞれの装置が、抑圧のシステムと化す。そしていま、学校は、そのようなところ、と認識されるようになりました。子どもは学校に行かなくても良いのかもしれない。これだけ多くの子どもが行かなくなると、考えざるを得ない。

10年暮らしたブラジルで、よく耳にする言葉がありました。Alguém tem que trabalhar em casa.「おうちで、誰かは、働かなくちゃね」、という意味です。家では誰かが稼いでこなきゃいけないね、誰かは働いていなきゃいけないね。みんな暮らしていかなくてはいけないからね。でも、それは、逆に言えば、誰かが働いていればいい、ということです。家の中で働かない人がいても、かまわない。だって誰かが働いているんだもん。ブラジルに住んでいた1990年代、周囲にいたブラジルの普通の中間層の人たちは、よく、先住民の発想を生活に生かすべきだ、と話していました。ボルソナロ大統領は資本を優先して先住民の多くを苦境に追いやった、と現在言われていますが、普通のブラジルの人たちは、アマゾンの先住民の人たちに心よりの敬意を持って過ごしていましたね。曰く、ブラジルの人は他のラテンアメリカの人より、おだやかなんだよ、それはアマゾン森林のインディオがおだやかだから。子どもに手をあげたりしないんだ、それはインディオが絶対にそういうことをしないから……。そして、これです、「おうちで、誰かが働かなきゃね」。フォトジャーナリストの長倉洋海さんがアマゾンのヤノマミを撮った写真集『人間が好き』には、「この誰かが働かなきゃね」がみごとに描かれています。狩りが好きな人は狩りに行く、働くのが嫌な人は、働かないでハンモックで寝ている。誰も文句を言わない……。全員が全員、働かなくてはいけないわけではない。確かにそうですよね。私たちの周囲にも、本当に働くのが好きな人もいますし、そうではない人もいる……。だから「誰かは働かなくちゃね」。全員でなくて、いい。

わたしたちは長い時代を経てやっと、若くて元気で働くこともできるような人に無理やり気に染まないことをやらせたり、子どもたちを強制労働に追い遣ったりすることなく保護できるようになった。しかし、その昔、子どもを解放するための装置であった学校は、その幻想を強化して、生の原基に敵対しているように見えます。つまりは、子どもたちが今日を生き生きと生きるために、学校が役だたなくなった。学校に行かなくても、家にいても、それで生きられるようになった。それは、実は、なんとも結構な世界なのではないでしょうか。子どもが学校に行かなくなる、あるいは、長じて、子どもがちゃんと稼がない、その不安はなんでしょうか。自分たちがいなくなったあと、子どもが困るんじゃないかということでしょうね。でも、それはその時に、子どもが考えるしかない。

学校に行かなくてもいい、働かなくてもいい、でもこの人たちが今日を機嫌良く生きていくことができたら。これを人類の達成、と思って、働ける人が働く、で良い、ということにできないでしょうか。彼らが学びたくなった時、何かやりたくなった時、自らを教育することができる本や、そういった本にアクセスできるシステム、をもう、わたしたちはもっているのではないでしょうか。働かないなら、働いている人が助ければいい。親か兄弟か親戚の誰かが助ければいい。それがむりなら社会が助けたらいい。学校に行かないことの帰結、ひとなみに金を稼いでこないことの帰結、については、私たちはすでにそう悪くないストーリーを紡ぎ始めているような気がします。であれば、悩む必要はそうないのかもしれない。誰かが働いているなら、働いていない人が機嫌良く家にいてくれることだけを考える。そんなふうになれないでしょうか。楽観的にすぎる、と言われそうですが、そう言ってみたい気がしています。
長くなりました。また、お便りします。
季節の変わり目、内田先生、ご自愛ください。

2023年2月10日　三砂ちづる拝

最終便 **B**

親族が存続するために最もたいせつなこと

内田樹より

三砂先生

こんにちは。内田樹です。

これが往復書簡の最終便なんですね。なんだか、あっという間に終わってしまったような気がします。安藤さんは「男の子の子育て」にフォーカスした本を作りたかったようですけれども、目論見通りにはゆかず、話頭は転々として奇を究めてしまいました。安藤さん、ごめんなさい。

でも、それは仕方ないと思うんです。親子のかたちも、婚姻のかたちも、家族のかたちも、社会のかたちもどんどん変わっているのですから、その流れの中にあって「変わらないもの」を見届けておかないと子育てについての話はできません。

子育てにおいて、どれほど時代が変わっても、場所が変わっても、変わらないものとは何でしょう。

レヴィ＝ストロースが「親族の存在理由は親族を存続させること」だとどこかに書いていました。その通りだと思います。

親族を存続させるための方法はいろいろあります。集団ごとにローカルな取り決めがある。そもそも「親族」という語についても一意的な定義があるわけじゃないと僕は思っています。「親族」は必ずしも親子関係や婚姻関係で結び付けられた集団だけを意味するわけではない。法統を守る、学統を守る、先人から受け継いだ儀礼や技芸を守る…そういう目的のために形成された集団も「存続すること」が最優先である限りは広義での「親族」に含めることができるのではないかと僕は思います。その大筋のところさえ外さなければ、集団ごとの細かい異同や変遷はあまり気にしないでいいんじゃないでしょうか。

その上で改めて問うことになります。親族が存続するために最もたいせつなことは何か？これがこの書簡の中で、三砂先生と僕が暗黙のうちに語り合ってきた主題ではなかったかと思います。

親族が存続するために最もたいせつなことは何か？

それは次世代を担う子どもたちの知性的・感性的・霊性的な成熟を支援すること、それに尽くされる。子どもたちの成熟を支援すること。それが僕たちが親族の一員としてふるまうときの基本的な構えだと思います。それ以外はすべて副次的なことに過ぎない。

僕たちが子どもたちに接するとき、おのれの言動の適否の判断基準とすべきは「これは彼らの成熟に資するのか？」という問いです。それだけで十分です。

でも、今の日本の子育てを見ていて、僕が感じるのは、親にしても教師にしても「果たしてこれは子どもの成熟に資するか？」という問いをまず立てるという習慣をもう失ってしまったようだということです。こうすれば競争に勝てるとか、こうすればいい暮らしができるとか、こうすれば食うに困らないとか……そういう「アドバイス」はすぐに脳裏に浮かぶのでしょうが、何を措いても「これは子どもの成熟に資するか？」という問いが前景化するということはない。それが現代の子育ての最大の問題だと思います。


僕は落語が大好きなんです。今度も、膝の手術で長く入院生活を強いられたので、その間、たくさん落語を聴きました。落語というのは実に奥の深いものですね。そして、「いかにして人を成熟に導くか」ということは、多くの落語の隠された主題でもありました。今回、古典落語を数十席聴いて、しみじみそう思いました。

『唐茄子《とうなす》屋政談』という古典落語の名作があります。大店の若旦那の徳兵衛が吉原での遊びが過ぎて勘当されてしまう。額に汗して働いたことなんかないのに、「お天道様と米の飯はついてまわります」と親戚一同の前で啖呵《たんか》を切って家を出てしまう。出たのはいいけれど、何の芸もありませんから、たちまち窮迫してしまう。頼りにしていた花魁《おいらん》にも、友だちにも愛想をつかされて、ついに乞食同様のなりに零落して、絶望のあまり吾妻橋から大川に身投げしようというところを通りがかった人に助けられる。これがたまたま実の叔父さんで、「なんだ徳か、だったら助けるんじゃなかった」と突き放されるのにとりすがって、前非を悔いて、まじめに働くことを誓います。

そこから話が面白くなります。聞かせどころは叔父さんが若旦那に「あきんどの道」を説くところです。今日から天秤《てんびん》担いで唐茄子を売れと命じられた若旦那が「天秤かついで唐茄子売っているところを知ってる人に見られたら恥ずかしい」とつまらない見栄を張る。すると、叔父さんがこう一喝するんです。「みっともねえ？　いやだ？　あそうか。だったら、やめな。それ脱いで、手前のきたねえ着物を着て、さっさと出てって川に飛び込め。何がみっともねえんだ。天秤かついで唐茄子売って、それでわずかでも口銭儲けりゃ、立派な商人だ。飯も食えねえでふらふらしているやつのほうがよっぽどみっともねえ」

叔父さんに怒鳴られて、ちょっとだけ反省して重い天秤担いで売りに出た若旦那、慣れぬことですから、唐茄子は一つも売れず、炎天下をよろよろして、蹴つまずいて転んで唐茄子を道にぶちまけてしまう。通りかかった気のいい兄さんが事情を聞いて同情してくれる。「道楽が過ぎてうちを勘当されて、叔父さんところへ居候していて、今日はじめて商いに出た？　ああそうか。若いときにはよくあることった。ここでこう会ったのも何かの縁だ。荷を軽くしてやろうじゃねえか」と行き交う町内の人たちに片っ端から唐茄子を押し売りしてしまう。

叔父さんのきつい説教と見ず知らずの兄さんの法外な親切を半日のうちに経験することで、この若旦那「人の道」を知ることになります。どういうかたちで「人として」まともになるかは落語の方を聴いて頂くとして、深い話だなあと思いました。これ、両方とも要るんです。「説教」と「親切」。子どもを成熟に導くには、この二つが要る。「世間はきびしい」と「世間はやさしい」という二つの矛盾する命題を同時に子どもに教えなければならない。

叔父さんの家に転がり込んだ当初も若旦那は世間知らずなことばかり言って、叔父さんを何度も怒らせるんですけど、そのつど親切な叔母さんが取りなしてくれる。気のいい兄さんが唐茄子を売ってくれるときも、もちろん「見ず知らずの野郎から唐茄子なんか買う義理はない」と突っぱねる人もいます。その冷たい「経済合理性」を兄さんの「親切心」から発する熱い啖呵がやり込めるところもこの噺の聞かせどころです。

どの場面を切り取っても、「世間はきびしい」と「世間はやさしい」という対立する二つの命題が繰り返される。実によくできた説話構造だと思いました。どちらか一つじゃ足りないんです。両方が交互に来ないとダメなんです。

『唐茄子屋政談』の若旦那はいい年まで徹底的に甘やかされて育てられた人です。「世間は甘い」と思い込んで、そこで成熟が止まっていた。それが勘当と世間の風の冷たさに触れて、ちょっとだけ目が覚める。でも、「世間は冷たい」と気づいただけではまだ成熟には至りません。生きる意味を見失って死にかけたところを叔父さんに救われる。その叔父さんから商人のきびしさを叩き込まれて、ちょっとだけ薄目が開く。そして、見ず知らずの人の親切に触れてようやく目が開く。そういうプロセスなんです。

これは子育てのプロセス、子どもの成長プロセスそのままじゃないかと僕は思いました。まず子どもは甘やかされて育ちます。なにしろ自分では移動することも、栄養補給もできないんですから、親がまるごと面倒見てあげるしかない。そして、この時の親たちの「子どもを守る」仕事はふつうの人ならほぼ本能的にできる。ときどきそれさえできない「ネグレクト親」もいますけれど、それは例外的な存在だと思います。とりあえず、僕たちが生きている日本社会では、伝統的に（たぶん千年以上前から）赤ちゃんは親が守るという話になっています。

まず子どもを「守る」。こう言ってよければ「温室で育てる」。子どもがどんなに自由にふるまっても、手足を好き放題伸ばしても、それによって傷つけられることがないという環境を整える。それが親の最初の仕事です。

でも、どこかで「自分でできることは自分でやりなさい（自分でしないと、誰も代わりにそれをしてくれない）」あるいは「好き放題にも限度がある。世の中には守らなければならないルールがある（そのルールに違背すると罰を受ける）」ということを教える段階に達します。

子どもにとっては嫌な話です。そんなこと、できたらやりたくない。でも、それをやらないと、罰を受ける。傷を負う。それが深い傷になること、致命傷になることだってある。『唐茄子屋政談』の若旦那のように死ななければならないことにもなる。だから、それを回避するために子どもに何とかしてこの「苦役」を受け入れさせなければならない。

子どもに「お前は可傷的な存在である。でも、ある手だてを講じれば（その手立てはお前には『苦役』と感じられるだろうが）、傷を負わずに済む」という事実を伝える。これが子育ての第二段階です。

でも、これ、すごく難しいんですよね。オールマイティな定型がないから。こういうふうに子どもに説教すれば、どんな子どもでも「ああ、そうですか。ご説明を伺って、事情はよくわかりました。では早速その苦役を担います」と飲み込んでくれるというような都合のいい理屈はありません。これればかりは「成熟するためには、ここを通らなければいけないんだ」という以外に言いようがない。そして、その言葉にどれだけ説得力があるかは、親の側の成熟度にかかっている。

ここが関門なんです。そして、たぶんここが子育ての一番深いところだと思います。ここで親が試される。親がどれくらい成熟しているかが試される。

子どもを甘やかす仕事には親の成熟は必要ありません。どんな親にもその仕事は務まります。でも、子どもに「自分でできることは自分でする」「世の中のルールを守る」という「苦役」を強いるためには、親の側に説得力のある言葉の用意がなければなりません。親自身が「成熟するためには、このプロセスをたどることがどうしても必要だ」ということを骨身にしみて感じていなければならない。親自身が未成熟であれば、そんな話はできません。成熟するということのたいせつさを親自身が身にしみて感じていなければ、子どもを成熟に導くことはできない。

いや、「できない」と断言するのは言い過ぎですね。そんなことはありません。親が未熟で、幼児的でも、子どもは成熟することができる。ただ、その道筋が「親が成熟している子ども」とは違う。親以外の誰かから「成熟せよ」という強い命令の言葉を突き付けられなければならない。そういう親以外の「メンター」に出会えればいいんですけれど、これは運任せです。

とりあえずは、親が子どもの成熟の導き手になる場合について話をしたいと思います。親自身が「成熟することはたいせつだ」と本気で思っていたら、どんな言葉づかいで語りかけても、意のあるところは子どもに通じるはずです。でも、その時点の子どもにはまだ「成熟」ということの意味がわかりません。言葉だけは耳で聞き知っていたかもしれないけれど、その概念が受肉していない。何のことだかわからない。だから、これは子どもの頭じゃなくて、身にしみこませるしかないんです。

叱ってもいいし、説教してもいいし、諄々と「誠の道」を説いてもいいし、自分の経験談を語ってもいい。何をしてもいい。とにかく「成熟せよ」というメッセージを子どもの身体に叩き込む。身にしみ込ませる。そのときには理解できなくてもいいから、とにかく身体のどこかに刻み込む。

子どもにはその意味は分かりません。でも、「この人は何かを必死で伝えようとしている」ということまではわかる。そのときに「いったい、この人は私に何を言おうとしているのか?」という問いが子どもの中に立ち上がれば、とりあえずそれでオッケーです。

「あなたはそうすることによって何をしようとしているのか?」これはジャック・ラカンが「子どもの問い」と呼んだものです。別に悪い意味ではありません。子どもが成熟するためには、この問いを経由することが必要だからです。

「あなたはそうすることによって何をしようとしているのか?」という問いが意味するのは、「あなたのメッセージを私は理解できない。でも、そこには『私が早急に理解すべきこと』が含まれていることは、あなたの必死さからわかる」ということです。もちろん、子どもはそんなに論理的な言葉づかいをするわけじゃありません。でも、自分に向かって語りかける必死さからそれがわかる。いわば、それに気圧《けお》されて、子どもは自分の理解を超えたメッセージの解読のために、自分自身の手持ちの理解枠組みの「外へ」一歩を踏み出す。ここのかんどころは「自分に対する必死さ」に「気圧される」というところなんです。

人間は自分の理解を超えたメッセージであってもそれが自分宛てであるということはわかります。メッセージの「コンテンツ」と「宛先」は別の次元に属するからです。そして、それが「ほらよ」とぽいと投げ出されて「理解できてもできなくても、そちらのご自由に」という差し出し方をされるのか、「お願い、わかって」と袖にすがるようにして差し出されたものかで、メッセージの受信の仕方は変わる。メッセージは「コンテンツが正しければいい」というものではないんです。懇請の度合いによって、それが届くか届かないかは決まる。そして、届かないメッセージでは意味がない。

北九州でホームレスの支援活動をしている「抱樸《ほうぼく》」という団体があります。その理事長をしている奥田知志牧師のことは三砂先生もご存じだと思います。

奥田さんはもう30年以上ホームレス支援をしています。でも、ホームレスの人たちって、最初は「ほっといてくれ」と言うんだそうです。食べるものも、寝るところもないのに、「お弁当上げます。寝るところも用意します。仕事も探します」と言っても「今度でいいわ」とか「ま、考えとくわ」という気のない対応をされるんだそうです。いったいどうして自分たちの支援の提案が彼らには届かないのか、奥田さんはずいぶん悩んだそうです。そういう人たちは自分のことを「もうどうでもいい命だ」と思っている。「生きていても死んでいても、誰も喜ばないし悲しまない」。そう思うから支援の手を振り切ってしまう。

生きる意欲そのものがない。どこかでそれを根こそぎ失ってしまった。

それに対する奥田さんの対応は「助けたる」という呼びかけの「インフレ」だったそうです。その言葉をそのまま採録します。

「だからね、もう私は、ほとんど意味なく助りてというのを連呼するような、道を歩いていると『助けたろか』とか言いながら、『今度でええわ』とか言いながら、『本当助けたるから、お前ちゃんと言えよ』とかって言いながら、助けてをもうボンボン安売りする。私は助けてのインフレを起こせと言ってるんですけどね。ともかくハードル下げる。それを子どもたちが見ると、『ああ、言っていいんだ』という話になると思うんですね。」（後藤正文、「誰もが助けてと言える場所、『希望のまち』を目指して」、thefuturetimes.jp/archive/houboku)

奥田さんの「助けたろか」というメッセージは一回では終わらないんです。「まあ、ええわ」と言われても気にしないで、会うたびに「助けたろか」と言う。それを何回、何十回繰り返しているうちに、相手は奥田さんの懇請に「気圧されて」、ある日ついに「助けて」という言葉をつぶやいて、自分を閉じ込めていた檻から外へ踏み出す。

僕はこの「安売り」「インフレ」「ハードル」といった一連の語の選択に奥田さんの哲学を感じます。これ、ぜんぶ「程度」を問題にしているんです。「原理」の問題ではなく。

困窮者に向かって支援を申し出るのは「正しい」行為です。相手が「助けなんか要らないよ」と言ったので、そこで引き下がって、「では、さようなら」と立ち去ったとしても、支援を申し出たことの「正しさ」はいささかも揺るぎません。でも、奥田さんの相手が根負けして「わかった。じゃあ、助けて」と言って手を差し出すまで、会うたびに「助けたろか」と言い続ける。この「正しさ」は、助けを拒絶されて立ち去る人の「正しさ」とは違う「正しさ」です。

どちらが「より正しい」のかという議論をしているわけではありません。どっちも正しい。ただあっさりした言葉は相手に届かず、しつこい言葉は相手に届いたというだけのことです。でも、この程度差のうちに、一人のホームレスの人の生き死にがかかっていたということもある。

子どもが成熟の階梯に一歩踏み出すようにするために親はどういう言い方をすればよいのか、という話をしているところでした。

宛先ははっきりしています。目の前の子どもです。自分がメッセージの宛先だということは子どもには分かっています。あと必要なのは「迫力」です。メッセージの「強度」です。奥田さん的な「しつこさ」です。おせっかいの「安売り」です。コンテンツの論理性とか、政治的正しさとかはさしあたりどうでもよろしい。子どもの身体に浸み込むまでやることが必要なんです。

子どもたちは「自分には理解できないメッセージ」は基本的に「聴き流し」します。子どもだって忙しいですから、親のなんだかわからないぐちゃぐちゃした説教なんか聞きたくない。だから、強度や、しつこさや、必死さというものの助けを借りないといけない。

『唐茄子屋政談』の叔父さんの説教はかなり定型的です。でも、叔父さんの中に深く身体化している。だから、若旦那のへなちょこな世間知を一蹴することができる。

それが仮に「世の中、結局、金だよ」というような貧しい定型であっても、親がそれを深く身体化して、それを指針としてこれまで生き抜いてきたのなら、子どもを「甘やかされている段階」から次の段階へ進める「社会化」の装置としては十分に有用です。でも、この言明をただちに打ち消す「世の中、金だけじゃないよ」という反対命題もこれと同時に与えられなければならない。ここがかんどころです。

『唐茄子屋政談』だと「世間は厳しい」という叔父さんの説教のすぐ後に、それを打ち消すように、唐茄子を代わりに売りさばいてくれる気のいい兄さんが出てきて「世間には親切な人もいる」という対抗的命題を体現します。この二つが整わないと、子どもは成熟できない。どちらの言うことがほんとうなのか、子どもが混乱しないと、子どもは先へ進めない。葛藤しないと、成熟できない。

子どもは成熟のためには「甘やかす人」と『きびしく訓練する人」の二人の年長者を持

たなければならないというのは、レヴィ＝ストロースの理説ですが、別に『親族の基本構造』を読まなくても、『唐茄子屋政談』で同じ命題が語られている。『男はつらいよ』だって「そういう話」です。

レヴィ＝ストロースは「伯叔父《はくしゅくふ》制」というシステムが世界中の多くの親族集団に見られると書いています。「伯叔父」というのは、男の子にとって母親の男兄弟のことです。その「おじさん」が「父」とは違う仕方で子どもに接する。

父親と息子が親密な集団では、「おじさん」が甥に厳しく社会的な規律を教え込む。逆に、父親が厳しく息子を訓導する集団では、「おじさん」が甥を甘やかす。『男はつらいよ』の博（前田吟）と寅さん（渥美清）と満男（吉岡秀隆）の関係が典型的ですね。

「おじさん」の教育的機能は、父の命じるあれこれの指示について「そんなの適当に聴き流しておきゃいいんだよ」と介入して、無効化することです。別に「おじさん」の言うことが「正しい」わけじゃありません。でも、同性の年長者で、それぞれに社会的経験を積んでいる人たちが「違うこと」を教えるということには深い意味があります。子どもに向かって「大人たち」が全く正反対のことを説くと、子どもの中に「この人たちは、ほんとうは何を言おうとしているのか？」という問いが兆すからです。

外形的にはまったく正反対のことを言うこの二人は、それにもかかわらず、子どもにどうしても伝えたいことがある。それは子どもにもわかる。それぞれの大人が語る言葉にひとかたならぬ「迫力」があるからです。

一体彼らは「違うことを言うことを通じて白分に何を言いたいのか？」子どもは当惑します。混乱します。葛藤します。それでいいんです。葛藤させるためにこそそういう仕掛けがあるんですから。子どもに正解を与えてもしかたがないんです。子どもの手持ちの判断枠組みでは「正否の判断ができない問い」を与えることがたいせつなんです。子どもは葛藤する。そして、葛藤のうちで成熟する。


レヴィ＝ストロースの「伯叔父制」理論は「息子」についてだけで、「娘」について同様の仕組みがあるのかどうか、寡聞《かぶん》にして僕は知りません。娘の場合なら「母」と「（父の姉妹）である伯淑母」の間に同じような役割分担が成り立つはずなのですが、果たしてどうなんでしょうか。よくわかりません。

実際に娘を育てた経験から言えるのは、どうも娘というのは母親一人がいれば育つらしいということです。それは父子家庭だったときに、僕が「父親」ではなく「母親」を演じていたことでわかりました。父子家庭の12年間、僕は家の中では完全に女性ジェンダー化していました。親と子が二人きりなら、要るのは母親であって、父親ではありません。ご飯を作り、掃除をし、洗濯をし、アイロンをかけ、繕い物をし、布団を干し、子どもが生理的に快適な生活を送れることを最優先に配慮する大人は絶対に必要ですけれども、外に稼ぎに出かけて、夜帰ってきて、たまに思い出したように「学校はどうだ。勉強してるか、おい」くらいしか言わない男なんかいなくても全く困らない。

ただ、ずいぶん経ってからわかったのは、やっぱり男性が女性ジェンダー化して演じる「母親」は深みが足りないなということでした。僕はたしかに「親切なお母さん」ではありましたけれど、「怖いお母さん」ではなかった。針で刺すような一言で子どもを震え上がらせるような芸当はできなかった（別れた妻はそれが軽々とできました）。

なんとなく思うんですけれど（ほんの思いつきなんですから、あまり気にしないでくださいね）、娘にとって母親はその存在自体で、いわば単体で娘を葛藤のうちに叩き込むことができる存在なんじゃないでしょうか。あるときは無限に優しい母親が、あるときは娘の心の底まで射貫くようなすさまじく冷徹な母親の表情を見せる。「外面《げめん》似菩薩《じぼさつ》内心如夜叉《にょやしゃ》」というのは女性についてしか使われない形容です。男にはそんなすさまじい二面性を抱え込むだけの容量がない。

「母の呪縛」から逃れられない娘たちというのがよくいます。僕も女子大の教師でしたから、そういう事例にいくつも遭遇しました。どれもよく似ているんです。娘に対して圧倒的な支配力を行使できる母親というのは、娘を溺愛しているのですけれども、娘の弱点もまた熟知している。女の子にはそこを抑えられると身動きできなくなる、息が詰まるという「急所」があるんですけれども、そこに狙い澄ましたように一針を打ち込むことができる。「要するに、あなたはそこがダメなのよ。それ、一生治らないわよ」みたいな怖いことを言える。そういう芸当をできる父親というものに僕は会ったことがありません。これができるのは母親だけです。それは母親が子どもの「弱さ」に意識をフォーカスする存在だからだと思うんです。だって、ちょっと気を許したら、子どもって死んでしまいますから。だから母親は「子どもの弱さ」については周りの誰よりも高感度であることを求められる。夜中に、隣の部屋にいる子どもがふつうの人には聞こえないようなかすかな声でうめいても、ぱちりと目を覚ます。母親って、そういうことができる。そういうふうにして子どもを無事に育て上げることができた。ですから、母親には、成長した後もわが子の「本質的な弱さ」がありありと見えるんだと思います。

娘を溺愛することと、娘を呪縛すること、母親はそれが同時にできる。だから、娘は葛藤できる。それゆえ母親さえいれば(父親がいなくても、伯叔母がいなくても)女の子は成熟できる。そういうことなんじゃないかと思います。別にレヴィ＝ストロースがパターナリストだったとか、そういうことじゃなくて。

もちろん、男の子についても「母親の呪縛」というのはあります。けれども、それほどシリアスなものにならない。どうしてなんでしょうね。たぶん母親は男の子には「内心如夜叉」の部分をあまり見せないからなんじゃないでしょうか。「母親がなにかのはずみにふと見せた底知れず邪悪な横顔を見て寒気がした」というような経験を持っている男ってあまりいないような気がします（女性にはたくさんいます）。その違いでしょうか。

ああ、すみません。こんなややこしい話を最後の最後に持ってきて、すみません。段取りが悪すぎますね。

さあ、もう取っ散らかった話もこの辺で終わりにしますね。話は結局最後まで取っ散らかったままで、回収できませんでした。でも、仕方がないですよね。「子育てはこれだけすれば成功します」というようなシンプルな解は存在しないんですから。

僕が言えることは、親が成熟している方が、子どもは生きるのが楽だということくらいです。親が未成熟でももちろん子どもは育ちますし、立派に成熟することだってできます。でも、できたら親が成熟している方がいい。小さいときにはしっかり子どもを守り、ある時期になるときちんと「子離れ」できるようなものわかった「大人の親」だと、子どもは生涯にわたってある種の「イノセンス」を保つことができるからです。

「イノセンス」というか「無防備さ」というか「お気楽さ」というか、そういうものです。別にそれ自体が高い社会的能力というわけではありません。けれども、「イノセンスを大人になっても持ち続けることのできる人」は、寝つきがいいとか、好き嫌いなくよくご飯を食べるとか、いろいろな人とすぐ仲良くなれるとか、そういうベーシックなところで「タフ」なんです。それがただちに権力や財貨や知的威信をもたらすわけではありませんけれど、それはさまざま能力や才能が開花するときの栄養豊かな「培養器」になれる。そして、その「培養器」の作成には親がかなり関与できるような気がする。親が成熟していると、子どもは大きくなっても、イノセンスを保つことができる。子育てについて、僕に言えるのはそれくらいですね。「イノセンスなんて、要らない」と言われたらそれっきりなんですけどね。

長い間、おつきあいくださって、ありがとうございました。

2023年4月20日　内田樹　拝

長いあとがき

三砂ちづるより

内田先生

この往復書簡の、当初のお題、は「男の子の子育て」でした。話はずいぶんあちらこちらに行ってしまったものの、おっしゃるように次世代の「成熟の支援」、しかも、人間として「変わらない」意味としての成熟の支援、が常に頭にあったように思います。ウェブ連載時の前ふりに書かれていたように、共に離婚により男手で女の子を育てた内田先生と、女手で男の子を育てた三砂よ、子育てについて語ってみよ、というのが、編集部安藤さんから示されたお題でした。

私はなんとなく勝手に、とくに男の子の子育てについて、リアルタイムで何か悩んでいることがある方、子どもについて出口が見つからない、と思っておられる方、子どもに対してなにか自分が間違ったのではないか、と思っている方に、答えはないけれど、少し視点を変えて考えてもらえる感じがするような本が望まれていたのではないかな、と感じていました。今、現在リアルタイムの男の子の育て方、についても同じことですが、むしろこれを読んでくださるのは、一通り男の子、を、育て終わり、男の子、も大人になっていて、あらためて、「私はこれでよかったのか」と考えておられる方のほうが多いかもしれない。まじめに真剣に考えて、できるかぎりの自らの能力、人間関係のリソースを投入してがんばってきたつもりであったけれども、私の子育て、これでよかったのだろうか、私の息子(たち)に、もっとできることがあったのではないのだろうか、と迷いがある方が読んでくださって、いや、迷ってはいるけれども、時代と個人の制約の中で、やったことはみとめていくしかなくて、でもそこから先も、その人と伴走しながらあるいは遠くから見守りながら、よりよく生きていける、と、思えるような……。この本の企画のメッセージをそんなふうに受け取っておりました。

子どもを育てる、というのは、そもそも許されることを学ぶことです。すでに我々が離婚している、というその時点で、親の個人的な関係のせいで、子どもには大変な負担をかけた、ということですから、許してもらえないかもしれないけれど、許してもらうほかないのだ、ということは、既に話しましたよね。でもこれ一般論としても、別に離婚などというドラマティックなことを経験していなくても、やっぱり、子どもを育てる、ということは、許されることを学ぶことだ、と思います。親は成熟していればいるほどもちろん良いのだけれど、子どもを持った時点での親の成熟なんて、たかが知れているし、親自身が生きてきた時代と環境とに抜き難い影響を受けながら、なんとか生き延びようとしているような不完全な存在なのですから、かならず、間違います。よかれ、と思ってやったことも、間違っているかもしれない。村上春樹さんは「どんな理想的な環境で育てられても、人間はその成長過程で自我に傷を負う」と書いておられました。つまり、親は、いくらがんばっても、子どもが自我に傷を負う、ことを免れることはできない。自我が傷つくことを、免れられない。それが、親が懸命にやっていたことでも、良かれ、と思ってやったことでも、「間違う」ということであるかもしれない。子どもの成長に真摯でありたいと思う親は、子どもの自我が傷を負うことを、初めからは望んではいないからです。でも、自我に傷を負うことは、つらい経験だけれども、その子の成熟に資することではありうる。

だから、やっぱり、こんなにやったんだ、と思うのではなく、こんなことしかできなかった、と、まずは、許してもらうしかないのだと思います。内田先生が書いておられるように親として、あるいは先の世代として、問われるべきことは「これは彼らの成熟に資するのか？」ということ、それは子どもが自我に傷を負ったとしても、それ自体が成熟に資する道筋であってほしい、という望み、でもあります。そのために必要なことは、おっしゃるように「矛盾するメッセージを出す複数の大人の存在」つまりは「やさしくあるがままを包み込む、甘やかす人」と、やや長じて「社会的な規律を教え込む、厳しく訓練する人」双方です。

そもそも、親、という役割は、いくら間違っても、いくら子どもの自我に傷を負わせても、それでもあるがままを受け入れる、あるいは、厳しく訓練する、の双方を引き受けなければならない。そう書いていくと、「両親」という名の二人の親密な大人の間で育つ、という、人類が最も長く親しんできた親と子の関係性、というのが、実は結構うまくできていたように思えてきます。母親が、子どもは生きていてくれればいい、というスタンスでとにかく子どもを受け入れて育てること、そして、父親は、子どもが少し育って言葉を理解するようになったら、厳しく育てること。父がその役割を担わないとき、母がその役割を担わないとき、は、ナナメの関係である叔母とか叔父とか、近所のおじさんとかが担うこと。それは、私たちが懸命に戦後、脱しようとしてきた家父長制家族とそのご近所、というものとあまりに類似しています。

今や、そういう時代ではない。家族も多様であり、私たちのように離婚して子育てすることが求められている人も多い。それでもなお、担うべき、「役割」というものは存在し、親は、その役割を懸命に演じるしかありません。「優しい〝母〟」か、「厳しい〝父〟」か。間違っても、間違っても、演じるしかない。

離婚した内田先生がお嬢さんを育てるにあたって「母」を演じたように、離婚して日本に子ども二人を連れて帰ってきた時点で、私はおそらく「母」だけでなく「父」をも演じなければならないのだろうなあ、と思ってはいたのですが、ほどなく見合いで再婚しましたから、私は「母」を演じ続け、私の連れ合いに「父」を演じてもらうというポジションをとるのがいちばんよかったのだろうとは、思います。連れ合いは、喜んで子どものいる私のパートナーになってくれましたが、自分自身が、生まれる前に父親を亡くしていて父という存在を知らずに育ち、さらに、自分の生物学的な子どももいなかった人でしたから「父というものがどういうものかわからない」と、最初からはっきり言う人でした。絵に描いたような団塊の世代で、緑のヘルメットをかぶっていた頃のエトスをずっと生きていて、器用に会社の出世の階段を上がっていける人ではあり得ず、組合運動に精を出すような人で、リベラルで近代的思考の持ち主、唯物論者でもありましたから、「男の役割」、「女の役割」という言い方も忌避していましたし、フェミニストのお友達も多かった。自分の中にいろいろな矛盾と悲しみを抱えていて、彼のいいところは、それを変に取り繕ったりせず、家族にそのままぶつけてくることでした。一言で言えば、裏表、がなかったのです。母親にとても愛された人だったから、内田先生が最後にお書きになっていた「イノセンス」なたたずまいをたたえる人でした。矛盾でいっぱいの、でも、可愛い人、だったのです。私の息子たち二人は、ブラジルの父や叔父たちの振る舞いとは全く違う彼のことを、「父」というより、「ある異文化体験」として受け止めていたような気がします。自然に「お父さん」とも呼ばず、「金ちゃん」（名前は金蔵という）と呼んでいましたし、本人もそう呼んでほしい、と言っていました。

そんなわけで「厳しい父」というよりは「変わった価値観のおじさん」と一緒に小学校中学校時代を過ごしたのですが、子どもが二人とも高校生の頃に脳出血で生死の境を彷徨う状態になり、その後、復活しますが2年後にはてんかんを発症し、その2年後には中咽頭ガンのステージⅣ、その2年後には亡くなってしまい、私たちにたくさんの思い出と、なにより、住んでいく家を残してくれましたが、思春期を迎えた息子たちに対して「父の役割」を演じてもらう時間がありませんでした。本人も演じる気はなかったと思います。

それでも子どもたちは母親と全くメッセージの色づき具合の異なる人が家にいて、ご飯を作ってくれて、自分たちを支えてくれる、と感じられて、それなりに四人で暮らす、ということを経験してくれて、よかったことにしたい、と思っています。高校生くらいになると、子どもたちは夫のことを「家庭内左翼」私のことを「家庭内右翼」とか呼んでいました。いまだに学生運動時代のエトスを生きたい夫と比べると、私はそれより〝右〟に見えていたらしい。

二人の息子たちは、生まれた時から性格が全く違いました。イージーゴーイングで周囲とうまくやっていくことを、苦でなく、楽しみ、にできる長男と、こだわりが強く、内面思考も深く、一人でいることを愛でる次男と。いかなる意味でも方向性の違う人、二人でした。日本に戻っても、日本社会に感心するくらい適応してしまえる長男と、この世の中に深い違和感を感じている次男とは、たたずまいも学ぼうとすることも異なり、それぞれ経済学部と神学部に進むことになりました。今も全く異なる道を歩み、その違いはどんどん広がっていくように見えますが、長男の妻と息子も含めての、家族としての親密さは、静かにいっそう染み渡るようになりました。二人の抱える苦悩は私には想像することもできませんが、一緒にいる時間の穏やかさに、許されていたいと思うばかりの私です。

最後にお書きくださっていた「イノセンス」。成熟した親に育てられた子どもは、「無防備」というか「お気楽」というか、「無邪気」な部分を生涯持ち続けることができる、ということ、でした。この生に対するイノセンス、つまりは無条件な肯定、理由のない満足感、自分がここにいてもいいんだ、というゆるぎのない幸せな感じ。私たちが、もしそれをこの世に生まれてほどないころから学童期に至るまでに贈与される機会を逸したとしたら、生涯求め続けているものは、それなのだと思います。求めても得られなかったりするわけですけれども。

具体的な「イノセンスを大人になっても持ち続けている人」を、内田先生は、「寝つきがいいとか、好き嫌いなくよくご飯を食べるとか、いろいろな人とすぐ仲良くなれるとか、そういうベーシックなところで「タフ」」と、お書きでした。いいですね。「どこでも寝られる寝つきの良さ」、「世界のどこにいってもそこの美味しい食べ物は一緒に楽しめる」、「人の顔色をことさらに見ることがない」、「思わず頰がゆるむような顔で微笑む」、「周りの人がなぜか穏やかになる」、「細かいことは気にしていないのに気遣いは細やか」。

親の立場からすれば、自分の子どもを観察して、そこに、イノセンスの片鱗を認めることができれば、その子は、大丈夫、と思ってもいいのではないでしょうか。自分はいろいろ至らないところもあったわけだけれども、今も足りないところばかりだけれども、子どもの成熟を求め続ける存在ではある。自立とは、自分のいまのありようは、誰のせいでもなくて自らが選び取ったのだ、と感じられるようになること、自分の今を時代や環境のせいにせず、自らのありようを自分自身で肯定すること。「イノセンス」のあらわれは、そのような自分自身の肯定を下支えするものだと思います。

Kahlil Gibranというレバノン生まれの詩人の書いた"The Prophet"という世界のベストセラーがあります。私はこの小さな本を、1980年代の半ば、イギリスに留学したときに大学院の同級生から、英語版をもらいました。ブラジルにいたときには、ブラジル人の同僚からも、ポルトガル語版をもらいました。世界の人に愛されており、誰かにプレゼントしたい、と思うような本なのです。帰国してこれは「ハリール・ジブラーンの詩」として、神谷美恵子が抜粋し加筆して紹介したもの、として、日本では知られていることがわかりました。上皇后美智子様がレバノン大統領から贈られ、愛読されており、当時相談役であった神谷美恵子に紹介した、と言われています。神谷美恵子さんは、津田塾教員の大先輩で、私のポストの二つ前、くらいにあたる方なのです。「子どもについて」という詩がとても好きで、この文章はもう、著作権が切れていますから、私自身も英語版から訳したものを添えて、この往復書簡の最後、とさせてください。

長い間、おつきあいくださりありがとうございました。

2023年6月20日　三砂ちづる

こどもについて

あなたの子どもはあなたの子どもではない
あなたの子どもは生きることそのものの希求からやってくる、息子や娘
あなたを通じてやってくるけれど、
あなたからやってくるのではない
あなたといっしょにいるけれど、
あなたのものではない

あなたは子どもに愛を与えることはできるけれど、
あなたの考えを与えることはできない

子どもたちはそれぞれの考えを持って生まれてくるから
子どもたちのからだを宿すことはできるけれど、
彼らの魂を宿すことはできない
子どもたちの魂は明日の家にすんでいるから
あなたはそこを訪ねることはできない
夢にみることすらない
あなたは懸命に彼らのようになろうと努力することはできる
でも、彼らをあなたのようにしようとしてはいけない
いのちはうしろむきには存在しないのであり、
きのうという日にとどまることはないから

あなたは弓
あなたという弓から、あなたのこどもたちは生きた矢として先へと放たれる
弓引く人ありて、はるか永遠という径の上、
いずこかにむけ、力をこめてあなたの身をしなわせる
その矢がすみやかに遠くへ飛ぶように
弓引く人の手のうちに在りて、しなうその身に、喜びあれ

飛びゆく矢は愛され、ぶれることなき弓もまた、
愛されていることを知って

ハリール・ジブラーン「預言者」より

短いあとがき

内田樹より

みなさん、最後までお読みくださって、ありがとうございます。最後に三砂先生が詩で締めてくれたので、僕が巻末で贅言《ぜいげん》を弄することは無用のわざなんですけれども、「何かひとこと」という要請が編集者からありましたので、短いご挨拶だけ書いておきます。

長きにわたって僕のまとまりのない話におつきあいくださった三砂ちづる先生と編集の安藤聡さんにまず感謝申し上げます。

話が最後まで散らかったままで、結論らしいものに手が届かずに終わってしまったのは、子育てという論件が、いかに一筋縄ではゆかない難問であるかということと、いかに多くの論じ方があるかということをあわせて教えてくれたと思います。

ですから、「あとがき」でも、何かまとまったことは書けそうもありません。最後の便で三砂先生が書かれたことについて、僕からひとことだけ書き足して終わりにします。

子育てというのは、三砂先生がお書きになっているように、親自身が未熟な状態で始まります。そして、子育てを通じて親もしだいに成熟してゆく。そういう動的な過程です。未熟な親ですから、それと気づかぬうちに子どもを傷つけてしまうこともある。このことに例外はないと思います。

僕は未熟な親として子育てをしてきて、ある時点で、「子どもを愛すること」と「子どもを傷つけないこと」では、「子どもを傷つけないこと」の方を優先させるべきではないかと考えるに至りました。「どうやって子どもを愛そうか」工夫するより、「どうやって子どもを傷つけないようにするか」を工夫する方がたいせつだと思うようになりました。

というのは、「子どもを愛しているから」「子どものことを心配して」「子どもの将来のことを考えて」という理由で子どもを傷つける親が実に多いということを骨身にしみて知ったからです。「愛している」という感情的事実は、愛している当の相手を傷つけることを制御できない。それだったら、「愛している」ということにはあまり意味がないんじゃないか。そう思うようになりました。それだったら、むしろ「傷つけない」ことの方を気づかった方がいい。

その結果、僕は子どもに対して「敬意を持つ」ことに決めました。この子の中には僕の理解や共感を絶した思念や感情がひそんでいる。そのことをすなおに認める。そして、無理をしてそれを理解したり、共感しようとしたりしない。

無理なことはしない方がいい。相手が自分の大好きな子どもであっても、その子のために無理はしない方がいい。

無理なことをすれば、それは親の子どもに対する心理的な「債権」になるからです。「私はこれだけ無理をして、想像力を発揮して、自分の価値判断を抑制して、あなたのことを理解し、共感し、受容しようと努力してきたのだ」というふうな言葉づかいで自分の「子どもに対する愛情」を（口に出さないまでも）語ってしまうと、その「努力」の分だけ親は子どもに対して「貸しがある」という気分になる。「貸し」があれば、どこかで「回収」したくなる。

だから、「あなたのためにこれだけ努力してきたのだ」という言葉を親は決して子どもに向けるべきではないと思います。それは、子どもを傷つける度合いにおいては、「誰に食わせてもらっていると思っているんだ」という言葉とそれほど変わらない。

今の世の中では「愛する」ということが人間の感情のあり方としては至上のもののように思いなされているようですけれども、ほんとうにそうなんでしょうか。僕はそれよりも「敬意を抱く」ことの方が感情生活においては、たいせつだし、困難なことではないかと思うのです。

人間は他人から熱烈に愛されていても、それに気づかないということはあります。でも、他人から深い敬意を抱かれていて、それに気づかないということはまずありません。敬意にはどんな感情表現よりも強い伝達力があるからです。敬意は、愛情よりもはっきりと相手に伝わる。たぶん憎悪よりも、羨望や嫉妬よりも、はっきりと伝わる。「鬼神を敬して之を遠ざく」という言葉が『論語』にありますけれども、これはコミュニケーション不能の相手であるはずの「鬼神」でも、人間が示す敬意には反応するということを教えてくれています。

なによりも、敬意には「これだけ敬意を示したのだから、見返りをよこせ」という「債権督促」メッセージが含まれていません。敬意はただの敬意です。何の底意もない。メッセージがあるとしたら、それは「私はあなたを傷つけたくない」ということに尽くされます。

もちろん、それでも未熟な親が子どもを傷つけてしまうことは止められないでしょう。でも、かなり抑制することはできると思います。

子どもに対して敬意を以て接すること。

子育てについて語った言葉は無数にありますけれども、このことを最優先に語る人があまりいないようなので、子育てについて長々と書いて来た最後の一言として、ひとことだけ書きとめておきたいと思います。

改めて、お二人が長きにわたって僕の「頭も尻尾もないような話」におつきあいくださったことに感謝申し上げます。ほんとうにありがとうございました。この本がいま「子育てしている」親たちにとって何らかの助言になること、「子育てされた」子どもたちにとって自分の身に起きたことを理解する手がかりになることを願っています。

2023年6月23日　内田樹　拝

初出　晶文社スクラップブック
http://s-scrap.com/

著者について

内田樹（うちだ・たつる）

1950年東京都生まれ。東京大学文学部仏文科卒業。東京都立大学大学院人文科学研究科博士課程中退。凱風館館長。神戸女学院大学名誉教授。専門はフランス文学・哲学、武道論、教育論、映画論など。著書に『ためらいの倫理学』（角川文庫）、『「おじさん」的思考』『街場の憂国論』（共に晶文社）、『先生はえらい』（ちくまプリマー新書）、『レヴィナスと愛の現象学』（文春文庫）など。近著に『複雑化の教育論』（東洋館出版社）、『レヴィナスの時間論』（新教出版社）、『夜明け前（がいちばん暗い）』（朝日新聞出版）、『街場の成熟論』（文藝春秋）など。第6回小林秀雄賞（『私家版・ユダヤ文化論』、文春新書）、2010年度新書大賞（『日本辺境論』新潮新書）、第3回伊丹十三賞を受賞。

三砂ちづる（みさご・ちづる）

1958年山口県生まれ。兵庫県西宮育ち。京都薬科大学、神戸大学経済学部第二課程、琉球学大学院を経て、ロンドン大学PhD。現在、津田塾大学多文化・国際協力学科教授。作家。専門は疫学、母子保健。著書に『オニババ化する女たち』（光文社新書）、『月の小屋』（毎日新聞出版）、『女が女になること』（藤原書店）、『死にゆく人のかたわらで』（幻冬舎）、『自分と他人の許し方、あるいは愛し方』（ミシマ社）、『ケアリング・ストーリー』（ミツイパブリッシング）、『女に産土はいらない』（春秋社）、『セルタンとリトラル』（弦書房）、訳書にフレイレ『被抑圧者の教育学』（亜紀書房）ほか多数。

気《き》はやさしくて力《ちから》持《も》ち

——子育てをめぐる往復書簡

2023年10月15日　初版

著　者　内田樹・三砂ちづる
発行者　株式会社晶文社
東京都千代田区神田神保町1-11　〒101-0051
電話　03-3518-4940（代表）・4942（編集）
URL https://www.shobunsha.co.jp

印刷・製本　中央精版印刷株式会社

ISBN978-4-7949-7385-6 Printed in Japan